土木交通类大学生科技创新竞赛

优秀成果集（2019—2022）

策　划　陆挺宇　张新中　陈爱玖
主　编　汪志昊　陈记豪　宋智睿

出版资助　华北水利水电大学杰出校友奖学（教）金

郑州大学出版社

图书在版编目(CIP)数据

土木交通类大学生科技创新竞赛优秀成果集：2019—2022／汪志昊，陈记豪，宋智睿主编. — 郑州：郑州大学出版社，2023. 3
ISBN 978-7-5645-9534-0

Ⅰ. ①土… Ⅱ. ①汪… ②陈… ③宋… Ⅲ. ①大学生-竞赛-科技成果-汇编-中国-2019-2022 Ⅳ. ①G644

中国国家版本馆 CIP 数据核字(2023)第 038962 号

土木交通类大学生科技创新竞赛优秀成果集(2019—2022)
TUMU JIAOTONG LEI DAXUESHENG KEJI CHUANGXIN JINGSAI YOUXIU CHENGGUOJI (2019—2022)

策划编辑	袁翠红	封面设计	王　微
责任编辑	杨飞飞	版式设计	苏永生
责任校对	崔　勇	责任监制	李瑞卿

出版发行	郑州大学出版社	地　　址	郑州市大学路 40 号(450052)
出 版 人	孙保营	网　　址	http://www.zzup.cn
经　　销	全国新华书店	发行电话	0371-66966070
印　　刷	广东虎彩云印刷有限公司		
开　　本	710 mm×1 010 mm　1／16		
印　　张	8.5	字　　数	132 千字
版　　次	2023 年 3 月第 1 版	印　　次	2023 年 3 月第 1 次印刷

书　　号	ISBN 978-7-5645-9534-0	定　　价	59.00 元

序言

创新源于实践。实践教学与课外科技创新活动是高校人才培养过程中贯穿始终、不可缺少的重要组成部分，是培养学生综合素质和实践能力、实现人才培养目标的重要环节，也是学生获取并掌握知识、提升创新和应用能力的重要途径。学科竞赛已经成为激发大学生潜能、培养创新精神、锤炼实践能力和团队意识的重要教育教学方式，是工科专业教育体系的重要组成部分。

华北水利水电大学土木与交通学院以"懋源杯大学生科技创新竞赛"为平台，一直致力并推动学科竞赛融入人才培养方案、融入课程体系、融入课堂教学、融入"新工科"元素和融入工程实践，不断打造以赛促学、以赛促教、以赛促训、以赛促建、以赛促改的"五融五促"人才培养模式。

"懋源杯大学生科技创新竞赛"由华北水利水电大学土木与交通学院杰出校友北京懋源控股股份有限公司董事长陆挺宇先生出资资助，其在母校所设立的"创新创业大赛奖学金"包括"互联网+"大学生创新创业大赛、"挑战杯"竞赛和"全国大学生结构设计竞赛奖励和"懋源杯"大赛经费，总金额约为100万元/年。"懋源杯大学生科技创新竞赛"主要由华北水利水电大学土木与交通学院负责组织实施，主要包括"结构模型设计大赛"、"交通科技大赛"和"桥梁结构设计大赛"。"懋源杯"大赛自2019年开始实施，截至2022年已连续举办了4届。4年来，在陆挺宇先生的资助下，土木与交通学院学子先后获得了中国"互联网+"大学生创新创业大赛国家级铜奖1项，省级一等奖5项、二等奖3项、三等奖7项；"挑战杯"全国大学生课外学术科技作品竞赛省级一等奖3项、二等奖5项、三等奖6项;“挑战杯”中国大学生创业计划竞赛国家级铜奖2项,省级特等奖2项、二等奖1项、三等奖2项;全国大学生结构设计竞赛二等奖1项,河南省大学生结构设计竞赛一等奖1项;全国大学生工程训练综合能力竞赛国家级银奖1项,省级一等奖4项、二等奖2项、三等奖3项;全国大学生结构设计信息技术大赛国家级一等奖5项、二等奖6项、三等奖3项;全国大学生交通运输科技大赛省级二等奖4项等诸多荣誉。

本书以获奖优秀项目为例,详细展示了4年来华北水利水电大学土木与交通学院学子参加“互联网+”、“挑战杯”、大学生结构模型设计竞赛等各级各类创新创业比赛所取得的杰出成果,旨在为大学生开展同类竞赛、增强动手实践能力提供示范引领,激发师生参与科技竞赛的热情,同时助力学院学科专业发展,丰富竞赛及相关课程指导素材。

落其实者思其树,饮其流者怀其源。本书的出版得到了“华北水利水电大学杰出校友奖学(教)金”的资金支持。感谢杰出校友陆挺宇先生支持母校教育事业繁荣发展的深情厚谊和善举大爱,也感谢在出版过程中做出贡献的老师和同学们,特别鸣谢李肃同学和徐江云同学参与部分文字、图片的编辑与整理!

编　者

2022年10月26日

目 录

第一章
“松林杯”工程模型设计大赛优秀作品

“松林杯”工程模型设计大赛是由华北水利水电大学土木与交通学院主办的大学生科技创新大赛，旨在激发大学生对工程结构设计的兴趣，增强学生的专业素质，提高大学生的创新实践能力，活跃校园氛围，为同学们创造更好的交流、学习和展示自我的平台。大赛至 2021 年年底已举办八届，2013—2018 年为“程华杯”工程模型设计大赛，2019 年更名为“松林杯”，八年来共有千余名学生参赛，每年源源不断为校级、省级大学生结构设计竞赛输送后备人才，形成了低年级（大一、大二）新生参加工程模型设计大赛，高年级（大三、大四）老生参加“懋源杯”结构模型设计大赛的学科竞赛全过程覆盖的教育模式。

如图 1-1 ~ 图 1-3 为相关的参赛展示。

图 1-1　参展作品（一）

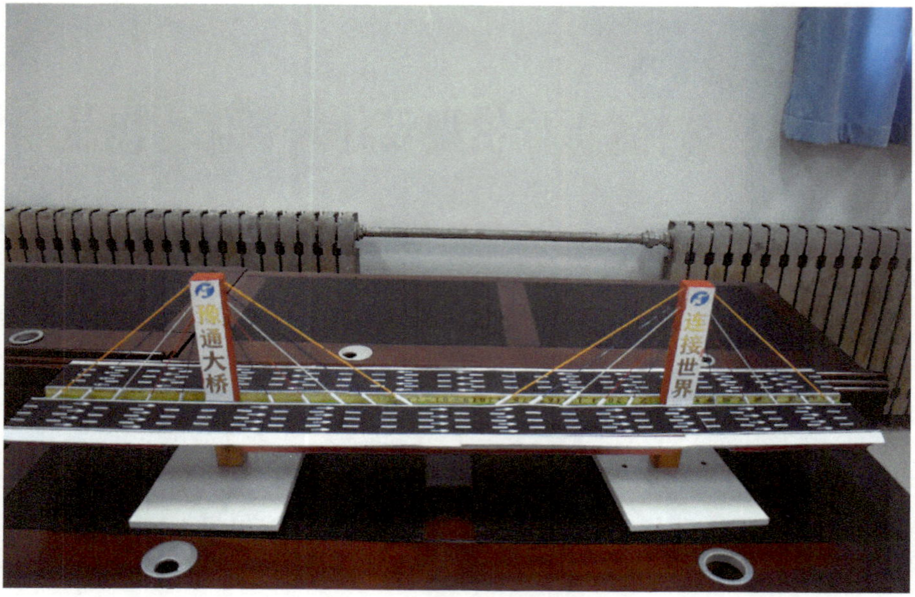

图 1–2 参展作品(二)

图 1–3 参赛合影

(一)2019年“松林杯”华北水利水电大学土木与交通学院第六届工程模型设计大赛优秀作品

1.作品名称:路桥者联盟

参赛人员及获奖情况见表1-1。

表1-1

姓名	学号	学院	专业	分工	获奖
杨文杰	201706722	土木与交通学院	道路桥梁与渡河工程	负责人	一等奖
王　妍	201705901	土木与交通学院	土木工程	团队成员	
苗毅飞	201705921	土木与交通学院	土木工程	团队成员	
肖　琦	201705422	土木与交通学院	土木工程	团队成员	

作品介绍

矮寨大桥是目前国内跨度最大的跨越山区峡谷钢桁梁悬索桥。该桥修建于峡谷之上,地形地质条件复杂。大桥设计大胆创新,引入首次适用塔-梁分离式悬索桥结构,将桥塔置于坡头隧道而将加劲梁支撑于山体之上。巧妙地利用地形,极大限度地减少山体地开挖。使得结构与环境相得益彰。

我组利用如PVC管、泡沫板、一次性筷子、棉线等常见的材料手工制作的矮寨大桥缩尺模型如图1-4、图1-5所示,旨在致敬矮寨大桥。

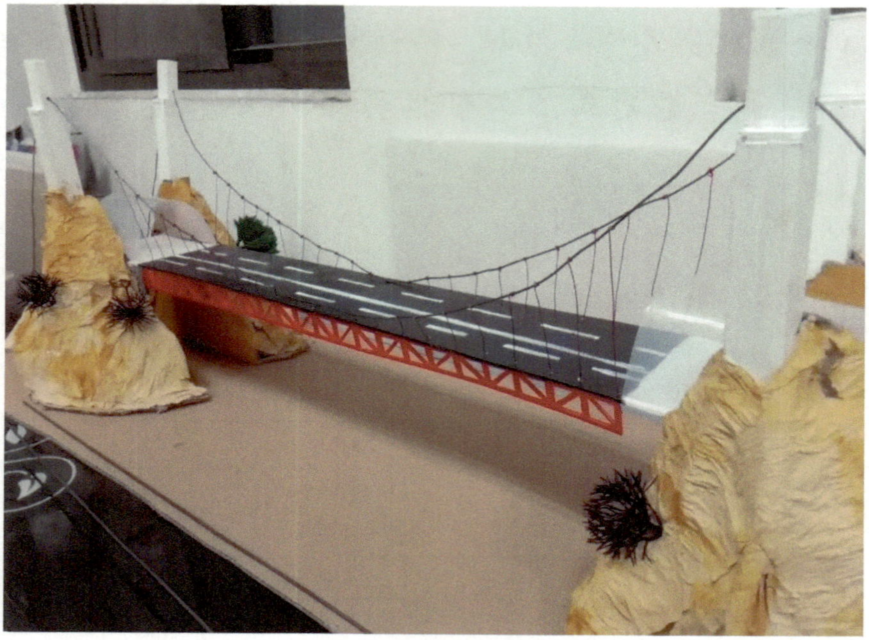

图 1-4　模型成品

图 1-5　模型展示

2. 作品名称:浅汐阁

参赛人员及获奖情况见表 1-2。

表 1-2

姓名	学号	学院	专业	分工	获奖
曹纤惠	201804725	土木与交通学院	土木工程	负责人	一等奖
王月清	201804802	土木与交通学院	土木工程	团队成员	
杨　兰	201804814	土木与交通学院	土木工程	团队成员	
姚丽君	201804719	土木与交通学院	土木工程	团队成员	

作品介绍

模型总高 40 cm,底面为 12 cm 的正八边形,总共两层,每层八面,三重檐。作品主体墙、栏杆和底面均用泡沫板制作,柱子采用白卡纸制作,飞檐及屋檐采用不同种类的瓦楞纸制作并上色。作品利用瓦楞纸的波浪状模拟瓦片的形状,形成排水屋顶。顶部采用拱券式结构,形成无梁楼盖。

作品整体秀气端庄,玲珑别致,结合南方古建筑的灵巧和北方古建筑的庄重。建筑整体配色大胆,主体采用红木色,端庄大气,瓦片采用墨绿色,添加建筑灵动气息,飞檐采用金黄色,秀气之中带点张扬的富贵,同时结合金色的顶针,既满足了避雷的要求,又使建筑整体配色协调。

围栏和外柱采用白色,凸显主体建筑的色调。整体的建筑色调不同于传统江南建筑的青砖黛瓦,也不同于故宫为代表的富贵奢华的北方建筑,在传统外形的基础上结合现代配色审美,使建筑在传承古建筑的基础上体现当代审美,如图 1-6 所示。

图 1-6 模型成品

(二)2020 年“松林杯”华北水利水电大学土木与交通学院第七届工程模型设计大赛优秀作品

1. 作品名称:极地小屋

参赛人员及获奖情况见表 1-3。

表 1-3

姓名	学号	学院	专业	分工	获奖
王绪中	202007904	土木与交通学院	道路桥梁与渡河工程	负责人	一等奖
周伯昌	202007216	土木与交通学院	土木工程	团队成员	
漆雪儿	202006826	土木与交通学院	工程力学	团队成员	
王秋彤	202006804	土木与交通学院	工程力学	团队成员	

作品介绍

极地小屋是本组成员在“松林杯”工程模型竞赛中的参赛作品,具有结构创新性与环保性，集聚了本组成员对于当代建筑与生态环境相结合的深刻思考。

自党的十八大以来，以习近平同志为核心的党中央就把生态文明建设摆在首要位置，我们当代大学生应当义不容辞。为此，本组模型所用材料除装饰用 Led 灯带外，均采用了回收材料以及可降解材料。例如，极地小屋主体使用了椴木板，泡沫底座采用了快递回收的泡沫箱，背景山脉则利用了我们平时的旧报纸、旧学习资料。

本组成员在结构方面也有着一定的创新性，所有的建筑结构件借用了学校的激光切割机，使得其精度提高，连接更加紧密，让其更加抗压。出于对现实山区多震的考虑，我们分区折角的设计把屋顶整体分割成 8 个部分，避免了在地震中彻底倒塌的现象出现。

考虑到极地地区的地理气候特性，本组成员在建筑主体方面采用了多边异面折角的设计减少屋顶的积雪，并且设置多组玻璃幕墙增加室内的采光，室外露台让建筑主体与室外环境相沟通。这样的设计使得建筑纵深感加强，多边的几何设计也让建筑更具张力。如图 1-7(a)(b)(c)所示。

(a)

(b)

(c)

图 1-7 模型成品

2. 作品名称:同路人

参赛人员及获奖情况见表 1-4。

表 1-4

姓名	学号	学院	专业	分工	指导老师	获奖
关博友	202007307	土木与交通学院	土木工程	负责人	潘建波	一等奖
赵嘉华	202007319	土木与交通学院	土木工程	团队成员		
潘一帆	202007327	土木与交通学院	土木工程	团队成员		
白洋洋	202007306	土木与交通学院	土木工程	团队成员		

作品介绍

武汉长江大桥作为连接我国南北的大动脉,具有非常重要的作用。团队成员通过资料查询、建立模型,以手工的方式对武汉长江大桥进行桥梁模型制作,制作过程如图 1-8 所示。该桥是一座铁路、公路双桥,上桥面为双向四车道城市主干道,下层为双线铁轨。正桥由 8 墩承受荷载,桥下孔洞巨大,巨轮航行无阻。铁路与公路之间结构为钢桁架结构,桥体稳定,大气美观。正桥两端建有桥头堡,两侧有人行道以及路灯等交通设施。桥两侧具有灯光设施,在晚上桥体五彩缤纷,赏心悦目,模型成品如图 1-9 所示。武汉长江大桥作为一个集结构、建筑、装饰为一体的综合性桥梁,不仅是重要的交通枢纽,更是一座伟大的作品。通过制作模型,我们深感中国建设之宏伟,作为土木人,我们更应努力,为祖国建设贡献自己的一份力量。

图 1-8 模型制作过程

图1-9　模型成品

第二章
“懋源杯”结构模型设计大赛优秀作品

全国大学生结构设计竞赛是教育部和财政部联合发文批准的 9 个首批全国大学生学科竞赛资助项目之一，是土木建筑工程领域级别最高、规模最大的学生创新竞赛，被誉为“土木建筑皇冠上璀璨的明珠”。大赛旨在培养在校大学生的创新意识、合作精神，提高大学生的创新设计能力、动手实践能力和综合素质。为了加强高校间的交流与合作，同时选拔和培育参加省级、国家级结构模型设计竞赛人才，华北水利水电大学校团委和土木与交通学院自 2014 年 5 月开始联合举办华北水利水电大学大学生结构模型设计竞赛，2017 年更名为“松林杯”，2019 年更名为“懋源杯”，同时在建筑结构的基础上加入了桥梁结构设计竞赛。经过七年发展，大赛每年固定吸引各学院 500 余名学生报名参赛，已为我校获得大学生结构设计竞赛国家级二等奖一项、三等奖三项，省级一等奖六项、二等奖八项等诸多荣誉。如图 2-1 ~ 图 2-4 为相关的参赛展示。

图 2-1　参展模型

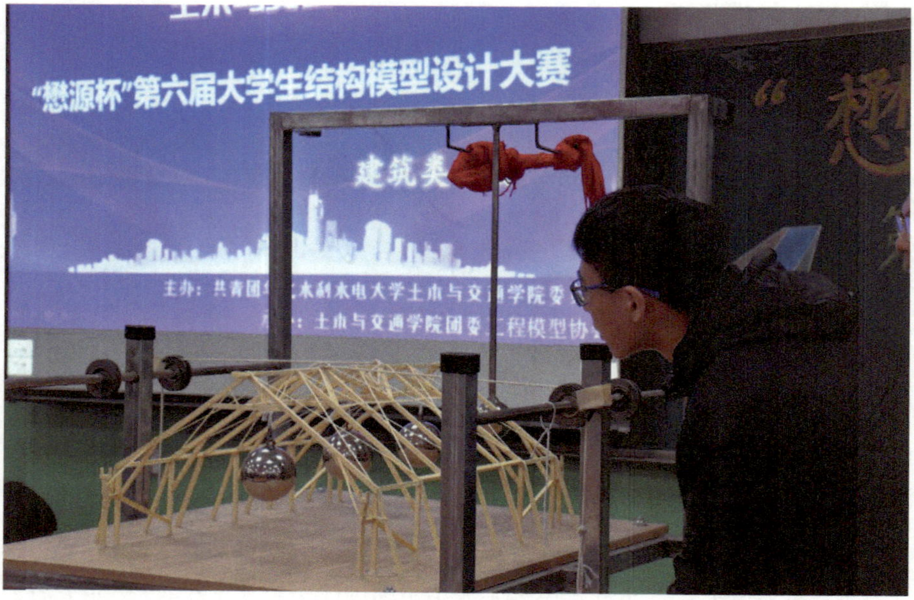

图 2-2　模型展示

图 2-3　模型制作过程

图 2-4 参赛合影

(一)2019 年“懋源杯”华北水利水电大学第六届结构模型设计大赛优秀作品

1. 作品名称:战地金刚

参赛人员及获奖情况见表 2-1。

表 2-1

姓名	学号	学院	专业	分工	指导老师	获奖
王玉超	201705002	土木与交通学院	土木工程	负责人	韩爱红	一等奖
王　坤	201705001	土木与交通学院	土木工程	团队成员		
邓　硕	201705003	土木与交通学院	土木工程	团队成员		

作品介绍

战地金刚的设计思路是“以柔克刚”。采用竹竿搭建四品桁架,大量拉条卸载和传递荷载,使结构在承受冲击力时,以模型的变形缓冲,使整体保持稳定。

一级荷载的挂点采用竹皮粘的三角挂点,此挂点轻量且能抵抗较大拉力,做到了荷载作用下,摆动而不破坏。

二级荷载挂点安置在二、三品桁架附近,为的是用桁架的支撑力来抵抗铁球坠落的冲击力。

三级荷载的冲击力较大,在挂点处用竹片来做缓冲,缓解铁球撞击的冲击力。三级荷载对挂点的定位比较苛刻,所以增大了挂点的尺寸,保证铁板能精确安置。

为了减轻结构自重,我们采用空心杆和实心杆结合的方式,用比较轻的拉条来代替杆件承受拉力。模型成品如图 2-5 所示。

图 2-5　模型成品

2. 作品名称:大跨度空间结构模型

参赛人员及获奖情况见表 2-2。

表 2-2

姓名	学号	学院	专业	分工	指导老师	获奖
邓宇虓	201721304	乌拉尔学院	土木工程（合作办学）	负责人	陈记豪	一等奖
张培宇	201721314	乌拉尔学院	土木工程（合作办学）	团队成员		
王泽琨	201604805	土木与交通学院	土木工程	团队成员		

作品介绍

本届大赛赛题为大跨度落地拱结构设计，即在一拱形空间内布置结构构件满足加载的相关要求。

本模型的设计参考了工业厂房中常见的排架结构和大跨度公共建筑结构中常用的网架结构，采用“排架+支撑”的刚性方案，结构传力简洁，各方向未产生明显位移，结构整体完好，耗能构件按设计目标工作正常，很好地抵御了静力荷载与纵横向冲击荷载。模型成品如图 2-6（a）（b）所示。

（a）

(b)

图 2-6 模型成品

在陈老师的悉心指导下,通过将平时老师上课传授的专业基础知识尝试应用在比赛中,团队在结构设计方法、构件制作与组装等方面大胆创新,在检验团队协作能力的同时,加深了对知识的感性认识,提高了专业学习的热情。

3. 作品名称:鹊桥

参赛人员及获奖情况见表 2-3。

表 2-3

姓名	学号	学院	专业	分工	指导老师	获奖
刘林峰	201605407	土木与交通学院	土木工程	负责人	赵洋	一等奖
姬艳强	201605130	土木与交通学院	土木工程	团队成员		
王少奇	201605202	土木与交通学院	土木工程	团队成员		

作品介绍

鹊桥Ⅱ采用梁-索结构混合体系，全桥跨度1200 mm，是由白卡纸与白乳胶制作而成的，主梁采用两幅40 mm高矩形梁，极大提高了截面的极惯性矩，在梁内跨中、三分点均加入了工字梁结构进行加固，提高其抗弯性能；两主梁间加入了矩形横撑，增强其桥梁连接性及抗倾覆性。桥梁桥面板采用格构梁设计，在不同位置增设格构梁进行加固，使得桥梁桥面板能够承载更大的重量。

在设计方面，再增设了两对索塔及其双幅对称拉索，提高了全桥的承载能力。

鹊桥Ⅱ造型优美，线条流畅，承载能力强，且复合设计学美感。如图2-7所示。

图2-7 模型成品

(二)2020年“懋源杯”华北水利水电大学第七届结构模型设计大赛优秀作品

1. 作品名称:战地金刚

参赛人员及获奖情况见表2-4。

表2-4

姓名	学号	学院	专业	分工	指导老师	获奖
王玉超	201705002	土木与交通学院	土木工程	负责人	程远兵	一等奖
王　坤	201705001	土木与交通学院	土木工程	团队成员		
邓　硕	201705003	土木与交通学院	土木工程	团队成员		

作品介绍

战地金刚 pro 在上一代战地金刚的基础上进行了改进,充分发挥优势,改正弊端,在不减轻承载力的情况下,减重了近 60 g,提升显著。模型仍然采用四品桁架,但将原先的三段式主梁改成一整根主梁,增强整个结构整体性的同时可以减少节点处连接,进一步减轻重量。

一级荷载挂点对比上一代进行升级,用U形挂点代替三角挂点,确保一级荷载的铁球在承受二、三级荷载时不会脱落,同时给予铁球一定的活动空间,有效卸除荷载。

二级荷载主要考验结构模型的抗冲击能力,通过增加模型与铁板的接触点位,将挂点承受的力进一步扩散至模型整体,同时采用格栅式竹片多次对冲击做出缓冲,有效承受荷载。

三级荷载考验的就是结构模型的抗扭能力,该荷载使模型变形较大,我们所考虑的重点就放在了如何使模型既能够通过变形来卸除荷载,又不会因变形过大造成模型破坏,最终仍然选择用拉条的方式限制模型变形,同时通过用多个模型进行承载试验,找到最有效的拉条布置位置和数量,有效对抗荷载。决赛模型如图 2-8 所示。

图 2-8 决赛模型

模型延续了上一代空心杆和实心杆结合的思路，改善了实心杆的制作方法，将矩形杆件中间加斜撑来变为两个三角形，更加稳定的同时，相比全填充实心杆又减轻了重量。用优化的杆件、节点做法进一步优化整个模型，效果显著。

2. 作品名称：大跨度拱结构建筑模型

参赛人员及获奖情况见表 2-5。

表 2-5

姓名	学号	学院	专业	分工	指导老师	获奖
焦千松	201804627	土木与交通学院	土木工程	负责人	陈记豪	一等奖
肖龙飞	201804616	土木与交通学院	土木工程	团队成员		

作品介绍

模型主要由四榀框架构成,针对节点进行了加固,符合参赛模型要求。模型制作谈及容易,但更需要细心和耐心。

制作初期,根据组员讨论与专业软件模拟,我们初步拟定了一个保守方案,符合了相应的比赛模型要求,尺寸大小、加载点设置、初步重量优化,这些都是非常关键的,因为任何细小的误差,在手工制作后都可能被放大,进而会加大我们后期的工作量,因此需要谨慎决定。

之后,我们制作了试验模型,向老师申请了加载场地,进行了初步加载试验,同时也积累了制作经验。根据加载结果,分析节点破坏情况,进行了针对性的结构补强。

随后我们进行方案的优化,在原有模型基础上,简化方案,减轻模型重量,提高我们的竞争优势,在试验模型上直接进行改动,也给我们节省了大量时间,当然,其中的损耗与误差也是不容忽视的。

最后,便是需要在加载日前,制作出优化后的模型,由于时间紧迫,我们需要提高制作效率,同时还需要保证精细。

经过了几个模型制作后,会逐渐发现与最初看法截然不同。这是一个动手实践的过程,是一个从一张张竹皮纸变成立体结构的漫长过程,任何一点细节,胶水用量、竹皮平整、结构组建都会影响到最终模型的结构稳定与重量,每一个日夜的心血付出最终会体现在那细微的重量变化上。比赛当天,当模型在晃动中经受住了加载,会感受到无比的喜悦。制作过程及模型成品如图 2-9(a)(b)所示。

（a）

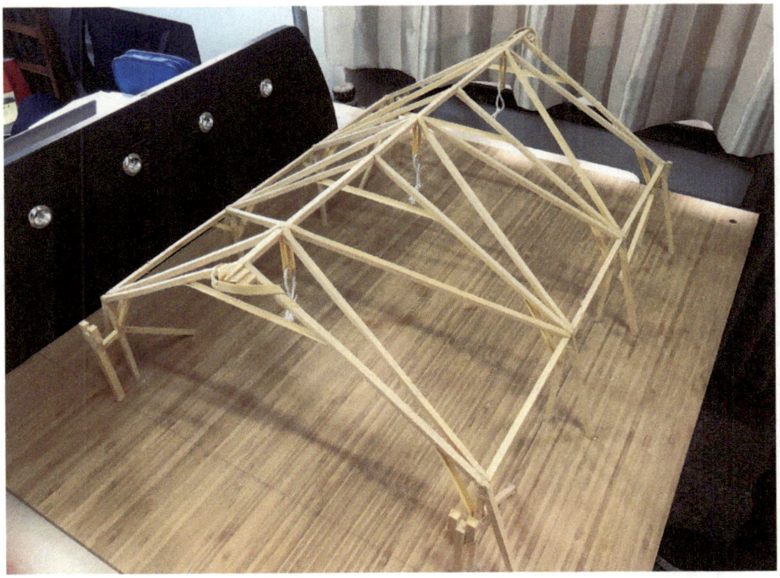

（b）

图 2-9 制作过程及模型成品

3. 作品名称:控龙擒凤

参赛人员及获奖情况见表2-6。

表2-6

姓名	学号	学院	专业	分工	指导老师	获奖
杨 兰	201804814	土木与交通学院	土木工程	负责人	陈记豪、管俊峰	一等奖
黄莹真	201806626	土木与交通学院	道路桥梁与渡河工程	团队成员		
袁 硕	201804823	土木与交通学院	土木工程	团队成员		

作品介绍

参加这个比赛的初衷主要是想锻炼自己,也想给自己的大学生活留下一段美好的回忆。在比赛期间,也遇到过很多的困难,对于主材的不熟悉,空间想象力不足都对我们造成了很大的影响,尽管这些客观因素很不容易改变,但我们仍坚持完成了模型,并取得了一等奖。

模型并没有什么特殊的意义,主要还是符合比赛的每一项要求。简单来说,就是用竹皮纸做一个框架结构,这个框架结构有一定的体积限制,超出这个体积范围视作不合格,还要有一定的承重性,要能支撑住比赛要求的铁板与铁球,在这个基础上,还要求一定的抗冲性。

在这里,我要感谢陆挺宇学长给我们提供了一个这么好的锻炼平台,感谢我的导师,是您让我知道自己原来也可以这么优秀,还要感谢我的队友,是你们的坚持才塑就了今天的我,今天的我们,这是我的大学生活里最美好的一个回忆。

模型成品如图2-10所示。

图 2-10 模型成品

4. 作品名称：天鹅之梦

参赛人员及获奖情况见表 2-7。

表 2-7

姓名	学号	学院	专业	分工	指导老师	获奖
温保来	201706628	土木与交通学院	道路桥梁与渡河工程	负责人	韩爱红	一等奖
郑梦斐	201706625	土木与交通学院	道路桥梁与渡河工程	团队成员		
陈浩栋	201906819	土木与交通学院	土木工程	团队成员		

作品介绍

该模型的桥型为斜拉桥，在两侧受荷载的情况下，斜拉桥的桥型受力结构较为合理，该桥梁模型跨径较大为 800 mm，加载位置为跨中，跨中为最薄弱点，斜拉桥可以完美地通过拉索将跨中的承载力传至桥塔，最后传到基础结构，可大幅减小梁体的承载压力，保证梁体不受破坏。

斜拉桥的承载力与墩身的抗压能力、斜拉索的受拉强度等因素有关，同时要注意桥梁的稳定性以及避免结构出现偏心受力的情况。墩身加宽增加与梁的连接性，同时给予桥梁与地面接触面更大的摩擦力以防止桥塔出现偏心倾覆，在跨中以及边跨的加载位置增加横向连接杆增加桥梁稳定性，底部拉条在增加一定承载力的同时增加左右两根梁的整体性，保证两根梁不出现因承载力不同导致偏心的情况，拉条所替代的斜拉索与梁的两面链接增加梁的受力稳定性。

其余非受力或非增加稳定性结构尽量简化，避免不必要的自重。模型成品如图 2-11 所示。

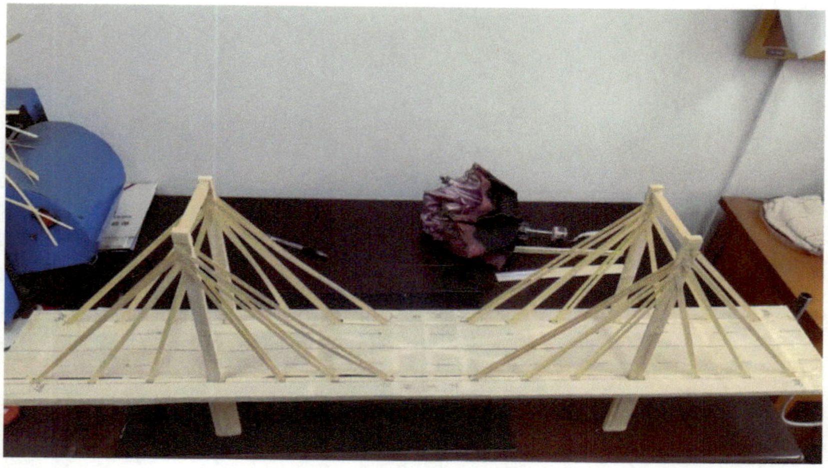

图 2-11　模型成品

5. 作品名称：飞升桥

参赛人员及获奖情况见表 2-8。

表 2-8

姓名	学号	学院	专业	分工	指导老师	获奖
张汉卿	201706614	土木与交通学院	道路桥梁与渡河工程	负责人	赵洋	一等奖
许浩博	201706611	土木与交通学院	道路桥梁与渡河工程	团队成员		
宋　园	201706612	土木与交通学院	道路桥梁与渡河工程	团队成员		

作品介绍

飞升桥是基于斜拉桥的理念设计的一款偏矮塔的斜拉桥模型。桥全长 120 cm，桥宽 15 cm，边跨 50 cm，中跨 100 cm，桥塔高 40 cm，模型重 117 g，最终承载能力为 55 kg 且未垮塌，主梁挠度 2 cm 左右。

为了提高结构的美观协调性和承载能力，斜拉索和预应力钢索我们采用宽 1 cm、厚 0.35 mm 的竹皮制作（0.35 mm 厚的竹皮抗拉性能相对来说是最好的），其余承重构件采用 0.5 mm 厚的竹皮制作，桥面板和桥塔连接区采用 0.2 mm 的竹皮（装饰部分基于减少结构重量考虑）。

模型的结构由主梁、桥塔、斜拉索、预应力钢索和横系梁组成。主梁截面尺寸 1 cm×2 cm，内附加劲肋以提高主梁的抗弯性能，加劲肋采用波浪形且波浪面平行于荷载方向安装。主梁起拱采用预应力钢索后张法起拱 1 cm。预应力钢索锚固于桥跨端部横系梁。桥塔上部由两根截面尺寸 1 cm×1 cm 的不加肋构件组成，下部采用四根截面尺寸 1 cm×1 cm 的不加肋构件组成，桥塔外裹 0.2 mm 厚的装饰竹皮。桥塔架在桥塔下部的墩柱上并与主梁固结以提高承载能力。横系梁采用截面尺寸 1 cm×1 cm 的不加肋构件组成，于每处斜拉索锚固处设一道，桥跨端部和跨中各增设两道，墩柱上各增设 1 道截面尺寸 1 cm×2 cm 的加劲横系梁,共计 18 道横系梁。模型成品如图 2-12 所示。

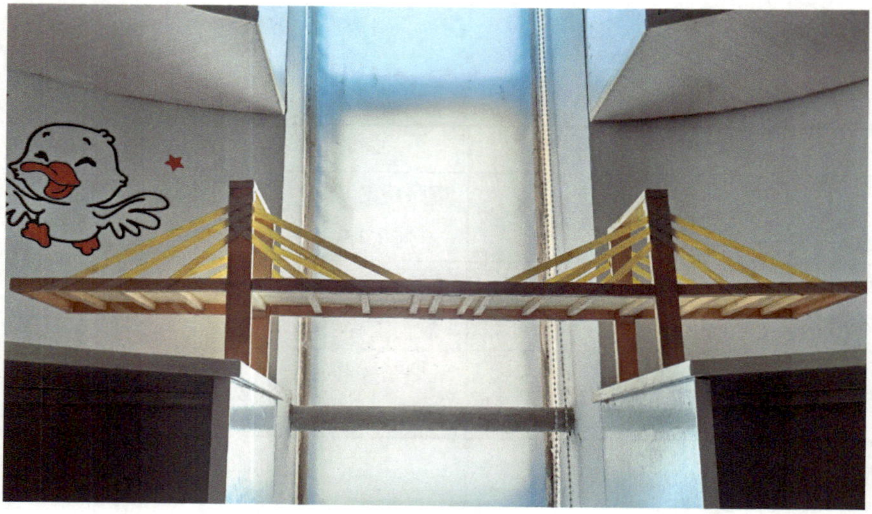

图 2-12　模型成品

(三)2021 年"懋源杯"华北水利水电大学第八届结构模型设计大赛优秀作品

1. 作品名称:曹县大桥

参赛人员及获奖情况见表 2-9。

表 2-9

姓名	学号	学院	专业	分工	指导老师	获奖
范彧溪	201906821	土木与交通学院	土木工程	负责人	韩爱红	一等奖
隋一搏	201906826	土木与交通学院	土木工程	团队成员		
李壹鸣	202006915	土木与交通学院	土木工程	团队成员		

作品介绍

从小桥流水人家，到跨越长江大河的生命工程，桥梁与人们的生活密切相关，桥梁的结构形式多变。本届比赛以承受竖向静力和移动荷载的桥梁结构为对象，要求在确保模型安全的前提下，还需要对模型的变形进行控制。为贴合赛题，满足赛题要求，我们小组赛用有“钢铁琴弦”之称的斜拉桥作为桥梁的主体结构。

我们的模型采用的是 0.5 mm、0.35 mm 的竹皮和 502 胶水制作，桥梁全长 1200 mm，宽 150 mm，桥下净空 160 mm，桥塔高 250 mm。本模型的基本受力点为主梁和桥塔，受拉的斜索将主梁多点吊起，并将主梁的恒载和动载传至桥塔，再通过塔柱传至地基。为增加桥梁的承载能力，增强桥梁的稳定性，我们在桥梁的左侧增设了一个支座，并且在主梁下侧设立反拱。本模型严格遵守“高承重、强稳定、轻质量”的理念，本着严谨负责的态度，精益求精。制作过程及模型成品如图 2-13(a)(b)所示。

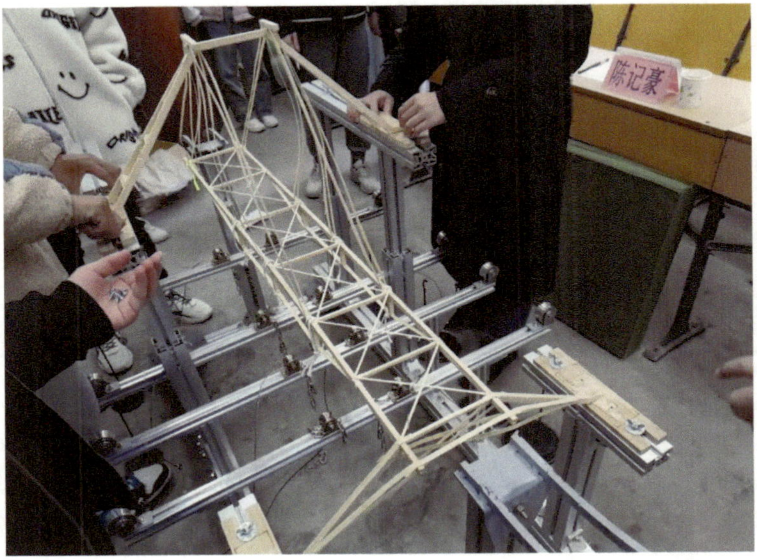

(a)

(b)

图 2-13 制作过程及模型成品

2. 作品名称:奈何

参赛人员及获奖情况见表 2-10。

表 2-10

姓名	学号	学院	专业	分工	指导老师	获奖
刘泽伟	201907009	土木与交通学院	土木工程	负责人	王家胜	一等奖
王栋翰	201906708	土木与交通学院	土木工程	团队成员		
李夏奎	201906813	土木与交通学院	土木工程	团队成员		

作品介绍

此届赛题以承受竖向静力荷载和移动荷载的桥梁结构为对象,通过在赛题中加入部分待定系数,赋予赛题更多灵活性。依据赛题要求,模型采用 0.5 mm 竹皮、0.35 mm 竹皮、502 胶水制作而成。

模型设计采取斜拉桥形式,桥全长 1.2 m,模型结构大体为:左斜柱撑右斜塔拉,下方配有反拱。模型基本受力特点:受拉的拉条将主梁多点吊起，并将主梁的恒载和动载等其他荷载传至塔柱，再通过塔柱传至支座。塔柱基本上以受压为主。跨度较大的主梁就像一条多点弹性支承吊起的连续梁一样工作，再配合上下方反拱，从而使主梁弯矩大大减少。

本模型设计的理念是“稳如泰山，轻如鸿毛”，质轻，强度，稳定，简约是我们的根本设计目标。此模型简约大气，颇有任风雨来袭我自岿然不动的气魄。制作过程及模型成品如图 2-14(a)(b)所示。

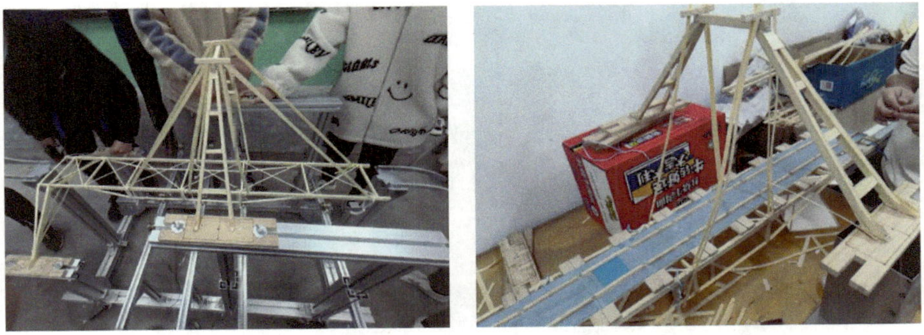

(a) (b)

图 2-14 制作过程及模型成品

3. 作品名称：逍遥桥

参赛人员及获奖情况见表 2-11。

表 2-11

姓名	学号	学院	专业	分工	指导老师	获奖
陈文意	201806324	土木与交通学院	道路桥梁与渡河工程	负责人	韩爱红	一等奖
明　洁	201923220	乌拉尔学院	测绘工程	团队成员		
刘沿伸	201907304	土木与交通学院	道路桥梁与渡河工程	团队成员		

作品介绍

模型简介：在赛题给定的桥梁区间尺寸下，我们小组经过分析比对，觉得钢架桥比较合适。因为该桥要求的长度为 800 mm,要求跨度不小于 500 mm,如果选用梁桥的话,跨中变形过大,且自重也较大。如果选用桁架桥和拱桥,制作起来偏差可能会比较大,且模型的制作和组装也比较困难。我们把模型中的构件分为了桥墩、主梁、横梁、拉条等,利用 Midas Civil 有限元分析软件对模型进行了加载测试模拟,通过不断的测试、制作、调整构件尺寸,最终我们制作出了模型质量为 87 g,顺利承载 20 kg 的模型,成功取得了校级一等奖的成绩。制作过程及模型成品如图 2-15(a)(b)所示。

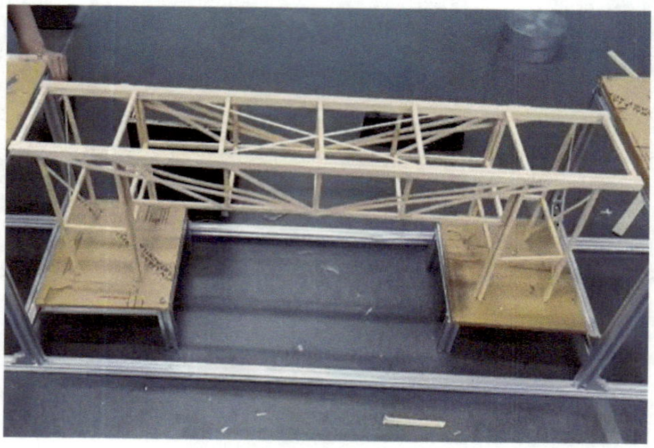

(a)

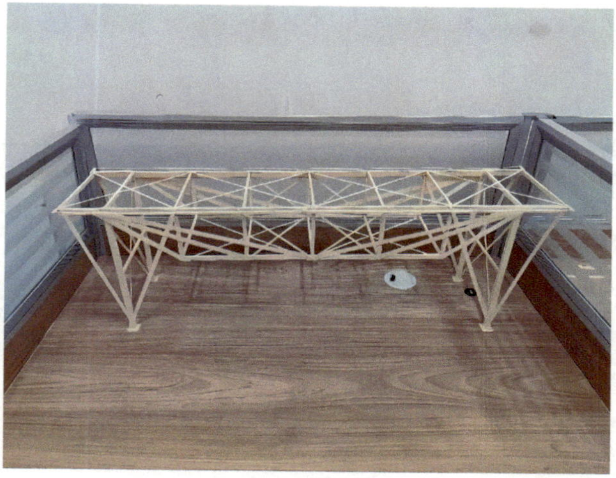

(b)

图 2-15 制作过程及模型成品

4. 作品名称：虹桥

参赛人员及获奖情况见表 2-12。

表 2-12

姓名	学号	学院	专业	分工	指导老师	获奖
左晓斐	201806308	土木与交通学院	道路桥梁与渡河工程	负责人	韩爱红	一等奖
张子阳	201907213	土木与交通学院	道路桥梁与渡河工程	团队成员		
张博杰	201907212	土木与交通学院	道路桥梁与渡河工程	团队成员		

作品介绍

模型简介：虹桥的模型是根据之前参加省赛的模型修改优化的，由于之前的模型尺寸较大，所以这次各个构件的尺寸都相应地减少了 1 ~ 2 mm。同时，采用了主梁 4 根，桥墩 8 根，下弦杆 2 根，横梁 7+5 个和直腹杆 10 根组成主要结构，8 个桥墩之间也通过杆件进行连接，来增加桥墩的稳定性。

此外，模型上添加了若干拉条，拉条能够将竹皮纸的抗拉性能充分地发挥出来，使得模型跨中承受荷载时，力可以通过拉条顺利地传递给桥墩，同时拉条的存在，也可以限制跨中的挠度。横桥向的“X”形拉条是为了防止桥梁承受荷载时的横向失稳。

最终，桥梁模型较为纤细美观，并且该校赛的模型总重 98 g，顺利承受 20 kg 的移动荷载，取得了校赛一等奖的好成绩。模型成品如图 2-16 所示。

图 2-16 模型成品

5. 作品名称:单跨桥

参赛人员及获奖情况见表 2-13。

表 2-13

姓名	学号	学院	专业	分工	指导老师	获奖
庄　澜	201907110	土木与交通学院	道路桥梁与渡河工程	负责人	赵洋	一等奖
韦帅强	201907404	土木与交通学院	道路桥梁与渡河工程	团队成员		
邹　凯	201907317	土木与交通学院	道路桥梁与渡河工程	团队成员		

作品介绍

桥梁模型为单跨桥,自重 93 g,可承受动载 15 kg,桥下有合理的安全高度。桥梁模型主体结构由多根细杆件构成,多根拉索辅助受力,以增强结构的整体性与稳定性,同时使用拉条大大减轻了模型自重。两边的桥墩均由 4 根细柱构成,增强全桥抗扭强度的同时削减了跨中挠度。跨中采用了桁架结构并配合多根拉向两边桥墩的拉索，进一步减小跨中挠度，增大全桥承载能力。桥墩柱以及主梁等主要受力杆件均设有加胫肋以增强杆件强度与刚度，横杆等联结构件均采用空心结构以减轻自重，所有杆件均由砂纸打磨以增强胶水黏结力。

桥梁模型整体结构明了简单，给人以独特的力学美感！模型成品如图2-17所示。

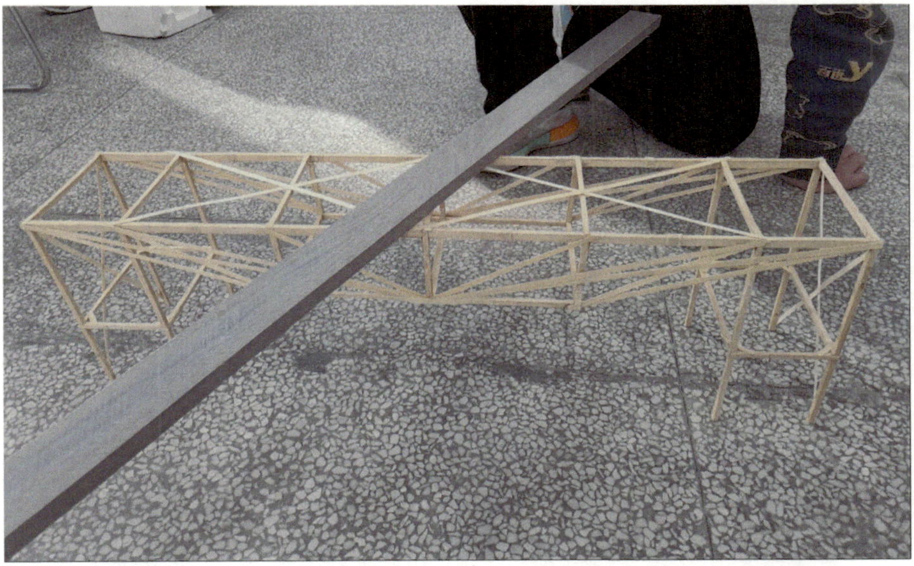

图2-17 模型成品

第三章 “懋源杯”交通科技大赛优秀作品

“懋源杯”交通科技大赛由华北水利水电大学土木与交通学院杰出校友北京懋源控股股份有限公司董事长陆挺宇先生提供支持和赞助，由共青团华北水利水电大学委员会和土木与交通学院共同主办。大赛响应交通强国号召，不仅展现了绿色交通、数字交通、智慧交通等创新项目，更培养了大学生的科技创新精神和实践能力，提高了大学生的科学素养，为参加省级和国家级交通科技大赛进行了人才选拔和培育。2019 年举办至今已有 500 余名学生参加，获得省级交通科技大赛二等奖 2 项。如图 3-1 ~ 图 3-3 为相关的参赛展示。

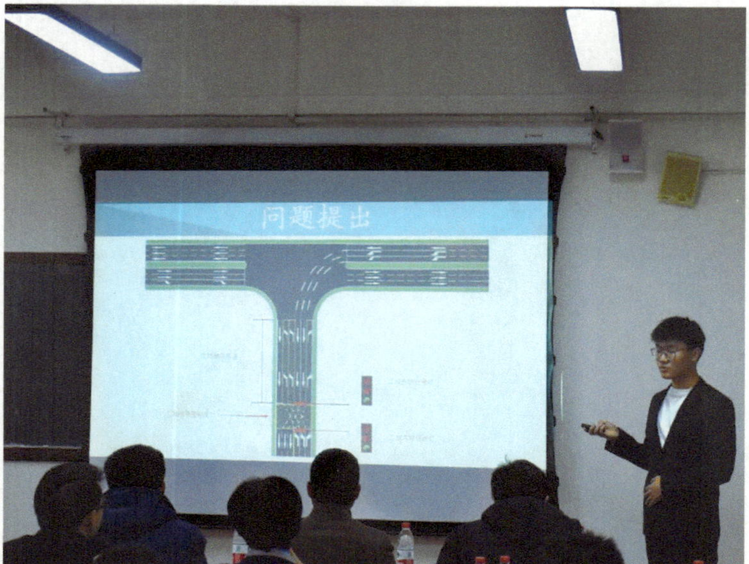

图 3-1　参赛现场演说

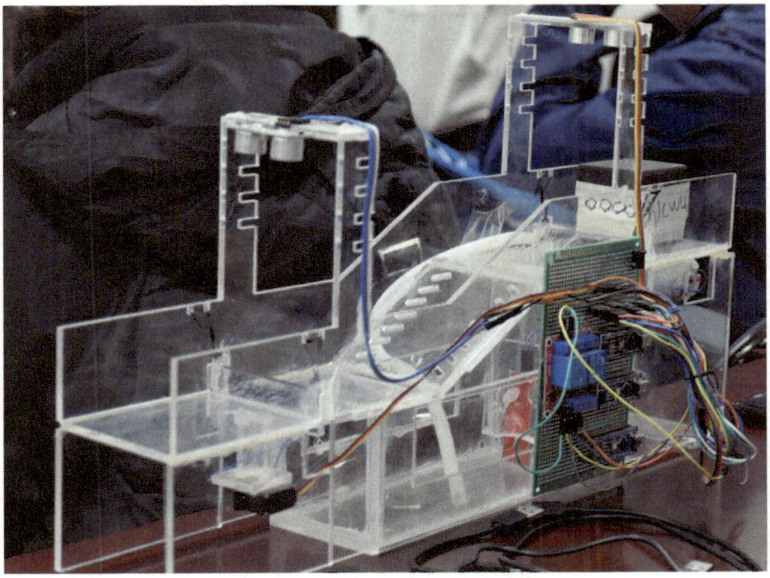

图 3-2 参赛作品

图 3-3 参赛合影

(一)2019年"懋源杯"华北水利水电大学第一届大学生交通科技大赛优秀作品

作品名称:环保缓释型融冰雪涂层技术研究

参赛人员及获奖情况见表3-1。

表3-1

姓名	学号	学院	专业	分工	指导老师	获奖
李思琪	201506014	土木与交通学院	交通工程	负责人	陈渊召、李振霞	一等奖
王改霞	201505903	土木与交通学院	交通工程	团队成员		
李　林	201506018	土木与交通学院	交通工程	团队成员		
楚中乐	201506027	土木与交通学院	交通工程	团队成员		
徐建文	201505823	土木与交通学院	交通工程	团队成员		

作品介绍

本作品提出一种环保缓释型融冰雪涂层及其技术研究。主要是由亲水性包衣溶液与疏水性包衣溶液混合,对环保型融雪剂进行包衣,并制成涂层混合液涂覆到路面上。融雪剂包衣颗粒如图3-4所示。

将具有融冰雪性能的涂层溶液在冰雪天气来临之前涂刷在沥青路面上,当降雪来临路面上产生积雪或结冰时,涂层中的融雪物质可以缓慢地、智能化地控制融雪离子释放量,可在寒冷环境下主动释放出环境友好型的融雪离子,持久地融化冰雪。融雪性能对比如图3-5所示。

环保缓释型融冰雪涂层技术提出包衣技术对环保型融雪剂进行包覆,可以很好地满足环保性能和路用性能,并且在低温条件下,能较好且持续地发挥除冰融雪效果。

图 3–4 融雪剂包衣颗粒

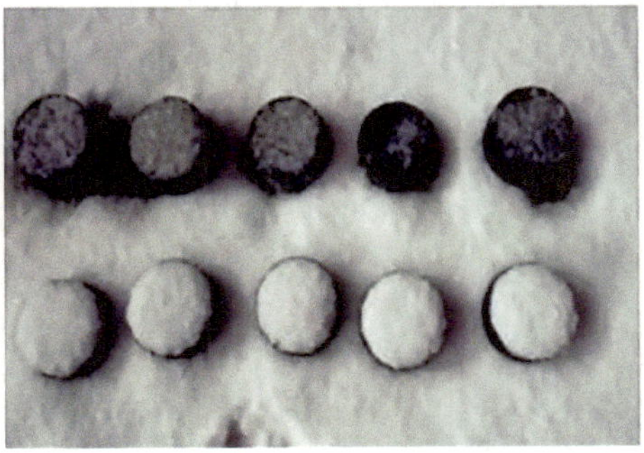

图 3–5 融雪性能对比

（二）2019 年“懋源杯”华北水利水电大学第二届大学生交通科技大赛优秀作品

1. 作品名称：一种改进的连续流交叉口左转车道长度研究

参赛人员及获奖情况见表 3–2。

表 3–2

姓名	学号	学院	专业	分工	指导老师	获奖
王孟琳	201605608	土木与交通学院	交通工程	负责人	胡圣能、郭滕滕	一等奖
王智伟	201805720	土木与交通学院	交通工程	团队成员		
司凯欣	201805705	土木与交通学院	交通工程	团队成员		
刘雅文	201805706	土木与交通学院	交通工程	团队成员		
李顺鹏	201605619	土木与交通学院	交通工程	团队成员		

作品介绍

本作品提出了一种连续流交叉口渠化设计，主要研究分析在不同的路段调头后车辆储存段车道长度（L_3）下的交叉口运行情况。设计调头交叉口相位方案，建立连续流交叉口设计要点计算模型，包括左转调头等待区车道长度(L_3)、左转调头变道转弯半径及长度(L_2)、左转车辆储存车道长度(L_1)。以车均延误最小为目标,构建连续流交叉口模型。从左转交通量、路段调头后车辆储存段车道长度方面研究分析最佳使用条件,并借助 Vissim 仿真验证该研究的正确性。

在距离主交叉口一定距离的路段右侧设置引道,将左转车流引入到右侧引道后进入专用车道,主交叉口负责直行车流的主要分配权,在主交叉口消除了左转与对向直行车流的冲突。通过调头路口信号灯和主交叉口信号灯协调控制,使得左转车辆连续经过两个信号灯,从而通过交叉口,以南进口为例,新型连续流交叉口交通组织示意见图 3-6。

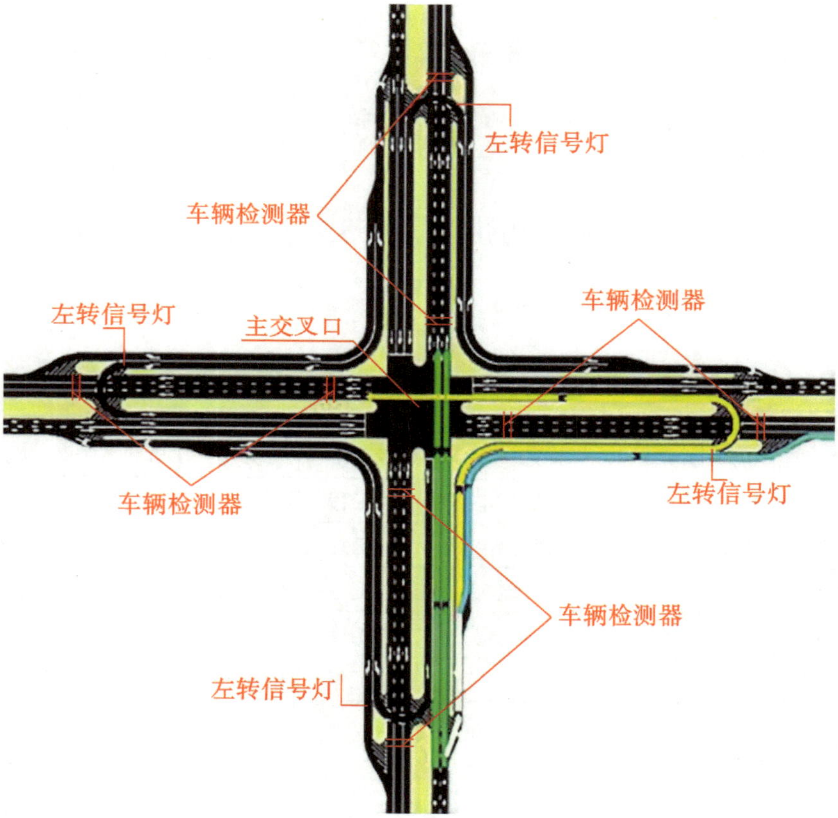

图 3-6 新型连续流交叉口交通组织示意图

连续流交叉口在一定程度上从空间和时间上消除了左转车流和对向直行车流的冲突点，使得多相位控制改成两相位控制，能有效改善交叉口的交通运行效益，受国内城市交叉口道路空间不足等因素的制约，适用于我国城市近郊道路交叉口的改造与设计。且当左转车辆储存车道长度（L_3）为 90 m 左右时，该交通组织方式可以发挥最大效益。左转车道长度设计如图 3–7 所示，左转通过量如图 3–8 所示，各个车道长度下左转车辆的车均延误与车流量的关系如图 3–9 所示。

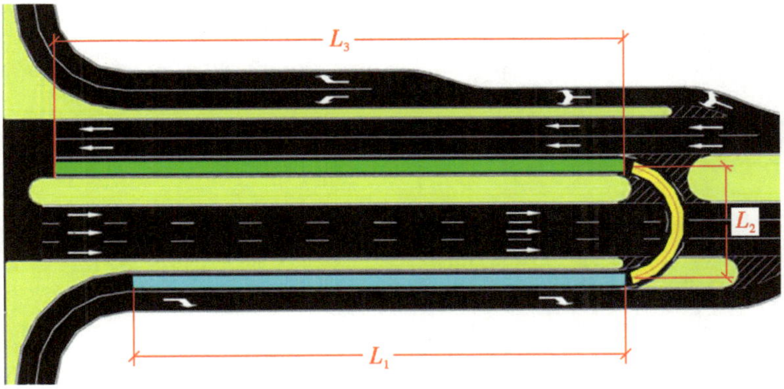

图 3–7　左转车道长度设计

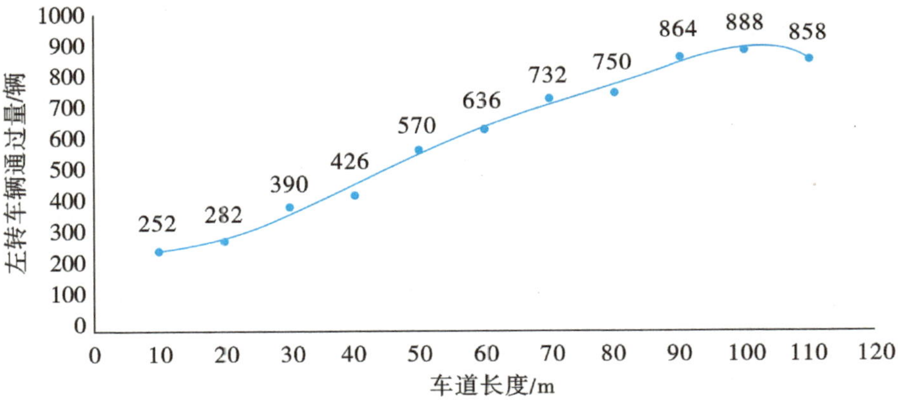

图 3–8　左转通过量

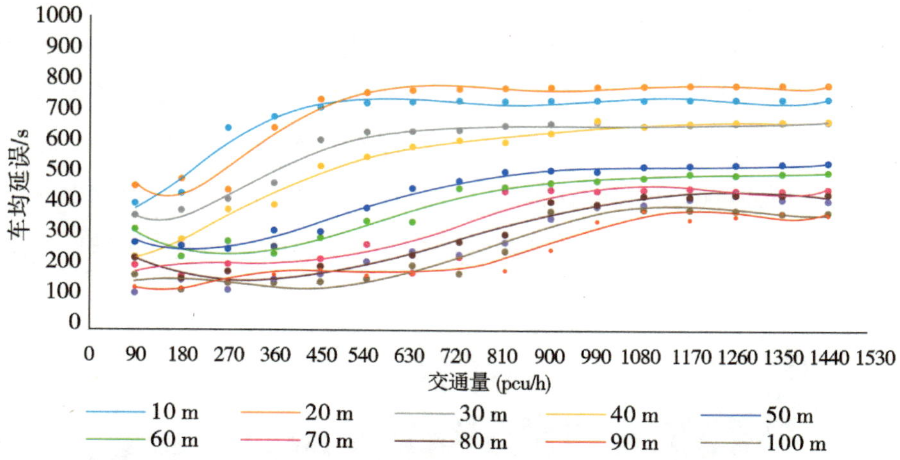

图 3-9 各个车道长度下左转车辆的车均延误与车流量的关系

2. 作品名称:固体废弃物制备新型绿色道路材料技术

参赛人员及获奖情况见表 3-3。

表 3-3

姓名	学号	学院	专业	分工	指导老师	获奖
王聪豪	201605604	土木与交通学院	交通工程	负责人	李克亮、肖新华	一等奖
李凤娇	201605717	土木与交通学院	交通工程	团队成员		
王千龙	201903805	水利学院	工程造价	团队成员		
马清怡	201706002	土木与交通学院	交通工程	团队成员		
贾　真	201605626	土木与交通学院	交通工程	团队成员		

作品介绍

本作品使用的再生微粉以建筑垃圾中磨细的废红砖粉与废混凝土粉按比例 2∶1 掺和制备,首先确定再生微粉与矿渣粉基本性能,如:密度、比表面积、活性指数;确定其物质组成、微观形貌;确定再生微粉活性与比表面积的关系;选定 P·O 52.5 水泥+无机盐的地聚合物剂体系和氢氧化物+无机盐的地聚合物剂体系，研究了在两个体系下，矿渣粉与再生微粉比例为5∶5，水胶比为0.5，无机盐选用副产品石膏、碳酸盐、硫酸盐、氯盐和五水偏硅酸盐，在不同掺量下的胶砂试块抗折强度和抗压强度，优选强度较高的地聚合物剂方案；进行混凝土试验，在两个体系下确定混凝土立方体抗压强度最高的两个地聚合物胶凝材料；改变矿渣粉与再生微粉的比例、改变水胶比，最终确定两个体系下的地聚合物胶凝材料方案，分析其水化产物的微观组成与结构并研究在这两个地聚合物胶凝材料方案下的耐久性。

通过试验研究得出，再生微粉中含有大量的二氧化硅和氧化铝，具有一定的活性，而且活性指数随着比表面积的增大而增大；通过胶砂试验和混凝土试验，最终优选出在P·O 52.5水泥+无机盐的地聚合物剂体系下，P·O 52.5水泥掺量为10%，副产品石膏掺量为15%，矿渣粉：再生微粉为8∶4，水胶比为0.3，聚羧酸系高性能减水剂掺量为2.6%；氢氧化物+无机盐的地聚合物剂体系下，氢氧化物掺量为4%，碳酸盐掺量为3%，矿渣粉：再生微粉为9∶1，水胶比为0.34，萘系高效减水剂掺量为1.2%。对这两个地聚合物胶凝材料方案的水化产物分析其物质组成与微观形貌可知，水化产物主要以结构致密的C-S-H和C-A-S-H凝胶组成；通过试验研究发现，两个体系下的地聚合物胶凝材料中的混凝土都有较好的抗冻性能、抗渗性能及抗硫酸盐侵蚀性能。作品制作过程及展示分别如图3-10、图3-11所示。

图3-10 水泥胶砂试件

图3-11 地聚合物绿色材料道路

(三)2020年"懋源杯"华北水利水电大学第三届大学生交通科技大赛优秀作品

1. 作品名称:智能地下车库通道

参赛人员及获奖情况见表3-4。

表3-4

姓名	学号	学院	专业	分工	指导老师	获奖
沈　杰	201709711	机械学院	机械设计制造及其自动化	负责人	金向杰、李　壮	一等奖
刘远达	201709708	机械学院	材料成型及控制工程	团队成员		
屈　伸	201805819	土木与交通学院	工程力学	团队成员		
张旭东	201710111	机械学院	交通运输	团队成员		
王祝贺	201721702	机械学院	机械设计制造及其自动化	团队成员		

作品介绍

本作品的设计理念是源于大多数城市在雨季来临时,需要给商场和社区的地下车库准备阻水板或者阻水沙袋,这种方法比较常见但是费时费力。因此本作品设计的是一种智能的地下车库阻水装置,其基于Arduino开源控制平台设计,主要包含两级阻水升降闸门结构和智能抽排水装置,运用机械传动结构控制闸门升降,达到阻水和排水的双重目的。

智能地下车库通道的工作原理是在利用水滴模块检测到下暴雨的情况下,该智能地下车库通道系统自动开启,第一级升降闸门处的超声波检测模块检测外面是否有车辆进入,当有车辆进入时,通过检测模块采集数据并将数据传送到主控制系统,其开始计算车辆速度和到升降闸门需要的时间,控制升降闸门在车辆到达闸门位置时闸门恰好降落到地面以下,以节省车辆进入地库的时间，同时也减少车库外面积水流入车库。当车辆到达第二级升降闸门处前，升降闸门的工作原理与第一级相同，但是这两级控制系统是独立控制的，避免单一主控系统出错或者损坏时升降闸门同时无法工作。在车库的下坡两侧设置排水槽，下部安装一个集水槽，用来存储在第一级闸门落下时流入车库通道的雨水，在该集水槽中安装水位传感器，当水位到达检测设定界限时，水槽中的抽水泵自动工作，将积水排到马路下水道。三维模型、实物模型及阻水测试分别如图 3–12 ~ 图 3–14 所示。

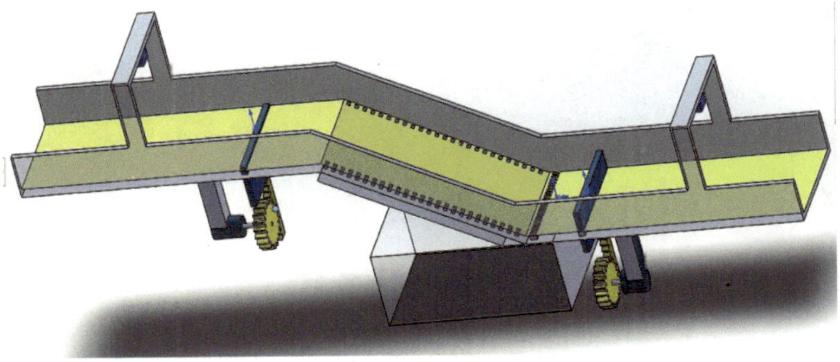

图 3–12　智能地下车库通道三维模型

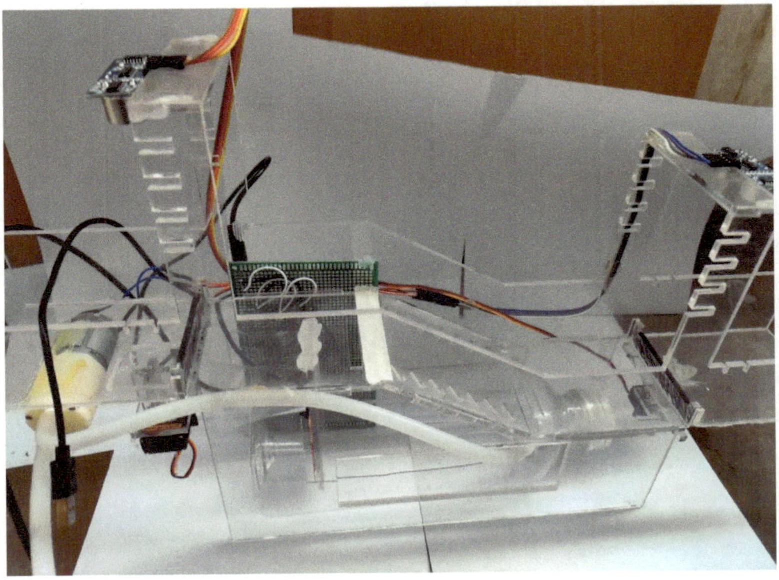

图 3–13　智能地下车库通道实物模型

本作品主要表现在自动化程度较高,利用传感器检测数据,数据回传到控制系统,由控制系统发出指令使执行机构完成对应任务,且升降闸门的工作稳定性好,利用齿轮齿条进行传动,升降速度可由电机调控。

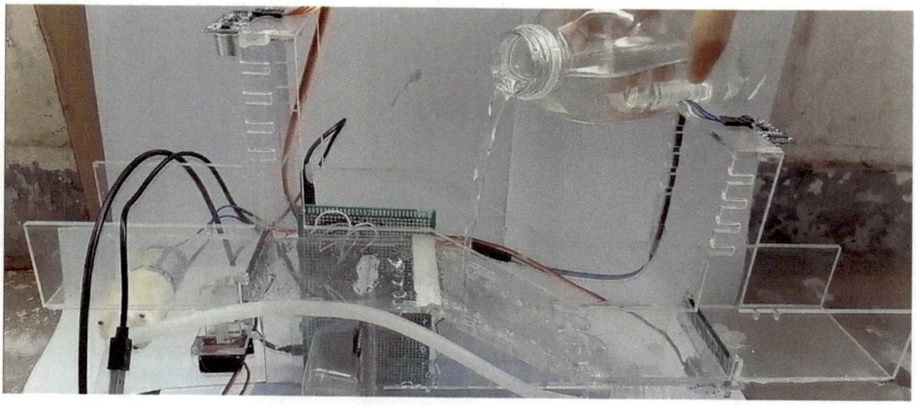

图 3-14　智能地下车库通道阻水测试

2. 作品名称:两相位 T 形伪连续流交叉口渠化设计

参赛人员及获奖情况见表 3-5。

表 3-5

姓名	学号	学院	专业	分工	指导老师	获奖
李宵楠	201805411	土木与交通学院	交通工程	负责人	胡圣能、汪志昊	一等奖
王智伟	201805702	土木与交通学院	交通工程	团队成员		
方晨宇	201805402	土木与交通学院	交通工程	团队成员		
董　珂	201908630	土木与交通学院	交通工程	团队成员		
贺明明	201706422	土木与交通学院	交通工程	团队成员		

作品介绍

本作品提出了一种两相位伪连续流T形交叉口,研究了交叉口的设计与评价方法。主要包括设计渠化方案、建立伪连续流交叉口模型、主交叉口与支路二级信号灯控制区域信号协调设计、次干路的储存车道长度的优化设计、信号配时计算、禁停区长度。

依托伪连续流T形交叉口的几何物理模型与设计原则,结合国内城市道路交通设计规范,从交通空间设计、交通组织设计、交通控制设计3个方面研究了面向国内应用的连续流交叉口的设计方法,并在各种交通状态下采用Vissim仿真对连续流交叉口的设计方案进行交通效用评价,并对不同的左转车辆储存车道长度进行仿真模拟研究。模型及示意图分别如图3-15、图3-16所示。

结果表明,该优化方案能够保障交叉口通行安全,提高交叉口车辆通行能力,减少交通延误,并提高交叉口行驶舒适性,同时对于提高左转通行能力的效果显著。

图3-15 两相位T形伪连续流交叉口模型

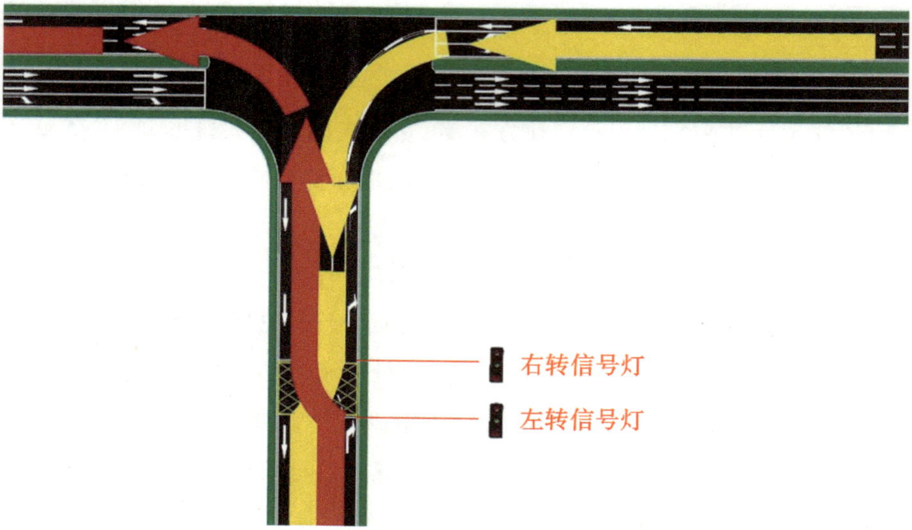

图 3-16 新型 T 形交叉口交通组织示意图

(四)2021 年"懋源杯"华北水利水电大学第四届大学生交通科技大赛优秀作品

1. 作品名称:"应龙"隧道积水预警

参赛人员及获奖情况见表 3-6。

表 3-6

姓名	学号	学院	专业	分工	指导老师	获奖
刘博宇	201907707	土木与交通学院	交通工程	负责人	胡圣能	一等奖
郭书宇	201907728	土木与交通学院	交通工程	团队成员		
金小苛	201907620	土木与交通学院	交通工程	团队成员		
叶玉龙	202008206	土木与交通学院	交通工程	团队成员		

作品介绍

本作品提出一种基于物联网技术和互联网技术的城市交通积水预警设备及城市交通积水预警系统和预警机制。

设备方面。本作品通过原创设计的浮子式磁力触发开关，通过浮漂受到积水的浮力和磁力开关与浮漂之间的磁力关系控制电路的连通。与目前市场上同类产品相比，本设备在无积水时整体耗电量为0，可降低95%的能耗。同时极大缩小了路用积水测量类产品的体积。

系统方面。本设备可实时显示积水深度。预测未来五分钟内积水高度。可根据不同路段设置不同的警报响应水位，后台可在城市地图上实时显示每个积水监测点的设备状态和设备所在位置前方5 m内的车流状态。

机制方面。当今中国城市化率仍在不断提高，城市道路基建也得到了快速发展，同时也带来了诸多不容忽视的问题。交通拥堵与内涝灾害一直是中国城市的普遍问题。例如2021年郑州“7·20”特大暴雨等灾害对人们的生命财产安全、社会生产生活造成了严重破坏，全市受灾人口188.49万人，市政道路损毁2730处，干线公路损毁1190处，农村道路损毁6415处，直接经济损失532亿元。其中因地下室、地下车库等地下空间溺亡39人，包括地铁5号线14人遇难，京广隧道6人遇难，247辆汽车被淹（其中道内18辆、引坡段87辆、道出口道路上142辆）。

而作品提出了一种将RSU路侧控制单元、智能信号配置系统以及本产品三者合一的三方联控系统，该机制即可实现在积水时的车辆防滑预警，又可基于城市交通网络实时分配不同路段的信号时长从而调整道路的服务等级。还可通过电子扣分机制对危险积水路段进行车辆管控或禁行处理。可极大降低因交通积水引发的事故概率。作品展示及测试情况分别如图3-17～图3-19。

项目初期将会采用部分城市试点运行，并采用BOT模式与当地政府和城市规划局合作。在地方城市试点成功后，项目欲通过地方政府和其他城市取得联系，由沿海向内陆逐渐向外扩展。其优点在于可为其他客户城市提供优秀示范，利于全面推广。前期立足于郑州向其他省内城市推广，待省内经营模式稳定后开始向其他省份扩张，整个过程中因本公司处于“轻资本”运作，将会投入60%的营收在产品研发上，打造产品生态和技术壁垒。

图3-17　作品展示

图3-18　作品模型

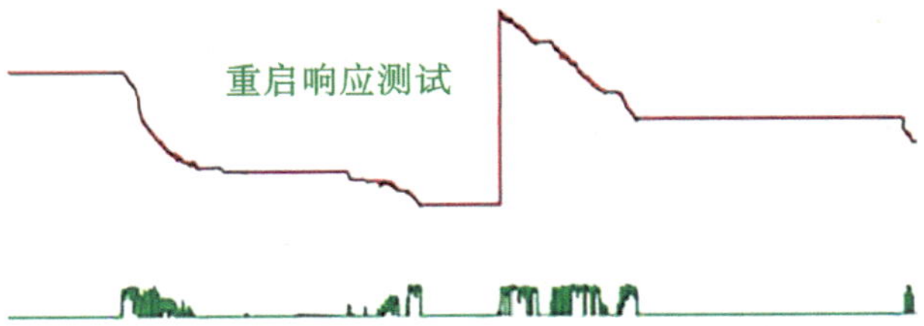

图 3-19 团队成员进行测试

本产品在应用中处于密闭黑暗条件(无红外线)的环境下,测距距离能达到 2 m,测量时间在 33 ms 内,完全符合交通积水检测的精度要求和测距要求。在预警时间上主要基于中移物联 ML302 模块,使用 USB 串口能够使其 LTE 速率达到上传 5 Mbps 下载 10 Mbsp,极大缩短了反应时间。在实际应用中通过将设备接入智慧物联网 RSU 预警系统,通过调查反馈的数据,该系统能够减少 98.6% 的冒险涉水行为,97.8% 的误入涉水行为,94.4% 的涉水遇险概率,89.7% 的因积水造成的交通拥堵概率。

2. 作品名称:基于计算机视觉和深度学习的智能交通平台

参赛人员及获奖情况见表 3-7。

表 3-7

姓名	学号	学院	专业	分工	指导老师	获奖
苗志伟	201817419	信息工程学院	网络工程	负责人	张 速、吴庆亮	一等奖
兰冰欣	201905510	材料学院	无机非金属材料工程	团队成员		
杨利祥	201914412	信息工程学院	计算机科学与技术	团队成员		
孙子涵	202110303	土木与交通学院	工程力学	团队成员		
何鹏飞	201816404	信息工程学院	计算机科学与技术	团队成员		

作品介绍

畅路佳途研发团队通过收集大量关于车辆的数据资料,例如图片视频等对机器学习算法建模,进行大量的模型训练。使用成形的机器学习模型,对城市主干道、辅路、城际公路、城际高速等地方进行实时的交通流量检测,然后从多尺度特征进行对象检测,使得检测模型达到客观的处理速度。

实时检测的交通流量数据传递到后台后,利用循环神经网络、逻辑回归、时序预测等相关的机器学习、深度学习算法,对当下道路的拥挤程度进行分析,推测出一段时间内可能的拥挤程度,在此基础上给出不同的风险等级。经过长时间的优化和数据修正之后,可以准确地在预测将要出现的拥挤情况,然后给出相应提示。

使用树莓派 4B 开发板搭建视频监控系统。后端检测程序会实时从树莓派获取视频数据。此时视频会来自多个监控端,后台会根据相应的优先级来进行处理。

畅路佳途可根据用户喜爱,进行大数据分析,为用户推荐用户偏好的行驶方式和相关道路情况,从而客观地进行拥堵优化,进而减小甚至消除由于交通拥堵给用户带来的影响。相关测试及分析如图 3-20 所示。

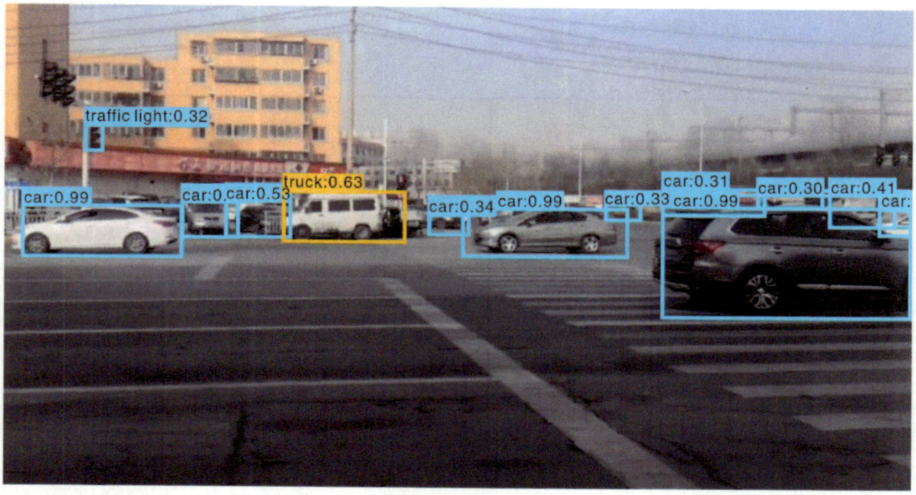

(a)

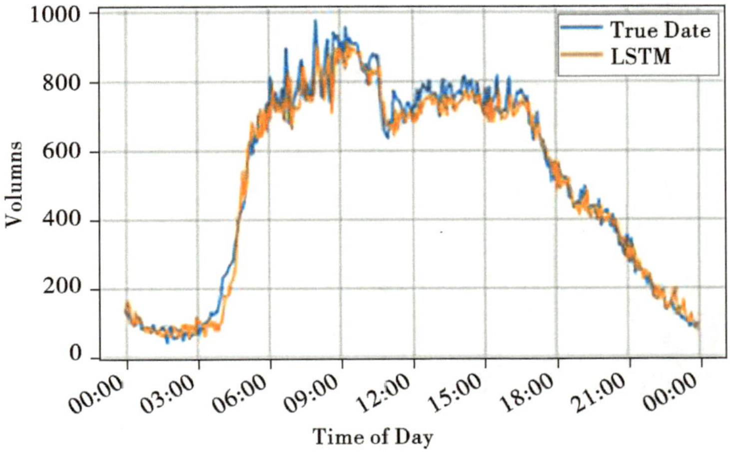

（b）

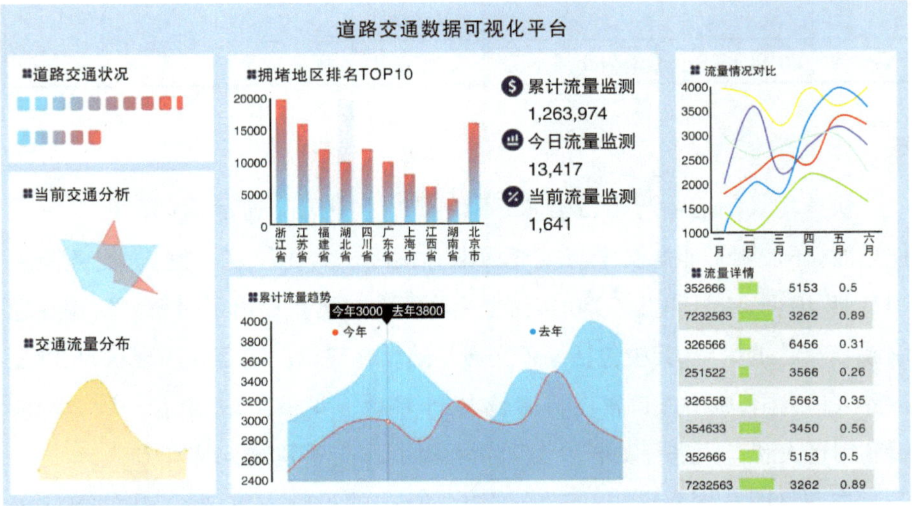

（c）

图 3-20 测试及分析

(五)2022年“懋源杯”华北水利水电大学第五届大学生交通科技大赛优秀作品

1. 作品名称:复合式俘能发电宝——推动交通领域“碳中和”

参赛人员及获奖情况见表3-8。

表3-8

姓名	学号	学院	专业	分工	指导老师	获奖
薛子琪	202008528	土木与交通学院	交通工程	负责人	汪德才	一等奖
于涛玮	201917601	土木与交通学院	软件工程	团队成员		
刘博宇	201907707	土木与交通学院	交通工程	团队成员		
郑宝宝	201809318	土木与交通学院	机械设计制造及其自动化	团队成员		
梁天宇	201907628	土木与交通学院	交通工程	团队成员		

作品介绍

快速增长的运输与出行需求,不但增加了中国交通运输部门的温室气体排放,还加剧了能源安全与空气污染等挑战。为化解这一挑战,国务院于2021年10月24日印发《2030年前碳达峰行动方案》,提出了一系列实现交通领域“双碳”的措施,其中包括绿色交通基础设施建设。结合我国现状,我国是世界人口大国,城市人口密度普遍较大,车辆保有量极高,如果有一种方法能够利用行人和车辆进行发电,一定能够推动我国交通领域实现“双碳”。

本项目团队探究了非常多的国内外有关的设计方案,给了我们新的灵感,我们研发出了复合式俘能充电宝,本产品已经申报国家发明专利。本产品的内部由两部分发电模块构成,分别是采用电磁发电技术的转子发电机和采用“压电-电磁复合式俘能技术”的俘能发电机。

转子发电机的传动难题在于如何将垂直方向的力转化为转子水平方向旋转的力，以往的设计全部是采用齿轮条和齿轮，这种设计磨损大、易变形，我们从竹蜻蜓这种玩具上获得了新的设计思路，非完全贴合的螺旋导轨设计，使构件之间的摩擦面积变小，内部的单向棘轮还可实现转子单向旋转，解决了旧方案中发电机因压力消失而骤停的问题，在实际应用中，短间隔的多次踩踏可实现转子发电机像家里的下压旋转拖把一样维持一定转速保持发电，该结构的应用是本产品的一大创新。如图 3-21 所示。

图 3-21 智能发电宝

俘能发电机主要采用的是压电-电磁复合式俘能技术，在振荡源的刺激下，磁铁会上下晃动，从而感性线圈会产生感应电流，同时晃动时金属片上下的压电陶瓷因弹性形变而产生电流，从而实现复合发电，通过该技术设计出的俘能振子结构,以圆周阵列的形式三层叠加在一起,同时振子上的磁铁因磁力的作用,在受到振动时会影响其他振子一同振动,整体振动频率更容易统一,再通过串并联的方法提高俘能发电机输出的电流与电压。该结构可实现发电宝在未受到踩踏时,也可以将道路中的振动能转化为电能再加以储存。在受到踩踏时,转子发电机外部的圆环会下降挤压俘能发电机,提高俘能发电机的发电功率。

本项目产品不仅在被踩的时候发电,当踩踏的力消失后我们的产品通过内部转子的惯性运动依旧可以发电 1 ~2 s,在短间隔内多次踩踏可以实现持续发电。同时我们的动力传动结构设计抗摩擦、抗形变性要更加可靠。

本产品在实践中发现产品的发电量可以反映出所在路段的人流量,这种数据对于未来智慧城市建设非常重要,例如城市规划者可以通过发电量获得车流量、人流量等数据参数,为智慧城市建设项目提供参考。

交通是我们发电宝的主要应用方向,可以将发电宝与人行横道等城市交通建设项目进行结合,在交叉路口车速较缓,装置使用寿命和发电量能得到更好地保障,行人也可在过斑马线时踩踏发电(如图 3-22 所示),在大型商业区,步行街也可以布设一定面积的发电场所。铺设在中大型客流集散中心,例如火车站、高铁站等地点,这些场所的人流量更多,稍加铺设一定面积的发电宝即可将其变为小型的发电场,对未来交通“双碳”目标的实现具有推动作用,在商业应用上也具备生产价值。

图 3-22 过斑马线测试

2. 作品名称：智能骑行穿戴设备——打造安全互联的骑行体验

参赛人员及获奖情况见表 3-9。

表 3-9

姓名	学号	学院	专业	分工	指导老师	获奖
王一帆	202008502	土木与交通学院	交通工程	负责人	汪德才	一等奖
杜梦涵	202008517	土木与交通学院	交通工程	团队成员		
刘子俊	201906908	土木与交通学院	土木工程	团队成员		
蒙常勇	201906328	土木与交通学院	土木工程	团队成员		
魏辉煌	201906330	土木与交通学院	土木工程	团队成员		

作品介绍

随着移动互联网时代的到来，智能可穿戴设备成为移动互联网软硬件结合的典范。同时，随着大数据、云计算、物联网技术的不断迭代更新，极大地拓宽了智能可穿戴设备的发展空间。近年来，在中国智能穿戴行业受到各级政府的高度重视和国家产业政策的重点支持。骑行软装备是指骑行过程中使用的软性穿戴产品，包括骑行头套、骑行服、骑行手套、袖套、腿套、头巾、骑行鞋、骑行袜等产品。随着目前人民生活水平的不断提高，生活质量的不断发展，骑行软装备行业市场逐渐形成上升趋势。

本团队研发设计的智能穿戴产品主要用于骑行设备领域，对当前骑行者事故问题进行分类分析，在结合人体工学进行模块划分，在保留舒适度的同时尽最大可能通过不同功能保障骑行安全。本产品具备手势物联功能，通过弯曲度传感器的不同电信号的组合形成特征信号，再将特征信号通过蓝牙输送至手机 app，以手机为媒介再向第三方设备发送控制指令，极大降低了硬件数量，并且随着单车智能化的发展，未来骑行智能产品不断增多，该功能的应用价值会进一步增加。本产品的第二个功能是振动式导航，在以往的骑行过程中，骑行者通常需要单手骑车看手机导航，这对于骑行者来说十分危险，本产品的振动式导航通过语音数字化技术将导航语音中左转、右转等语音特征通过蓝牙转化成电信号，进而控制左右手套中马达的振动，在左转时左手手套即可通过振动提醒用户转向。如图 3-23 所示。

另外，本产品还有其他提高骑行舒适度的功能，例如与碳纤维混合纺织材料相结合的智能控温电路，可在高海拔、低温天气时防止用户手指僵硬，不好刹车转向，太阳能充电盖与手套磁吸接口配合，解决了智能穿戴产品的续航问题，同时磁吸式设计可防止充电口因雨水、尘土出现损坏，最后本产品在虎口位置设计了一块四平方厘米的显示屏，其可通过蓝牙将手机中的天气、地理位置、速度、空气质量等信息显示在屏幕上，骑行者无须抬手也不需要拿手机即可查看，大大降低了用户单手骑车的概率，有效保障了骑行者的安全。

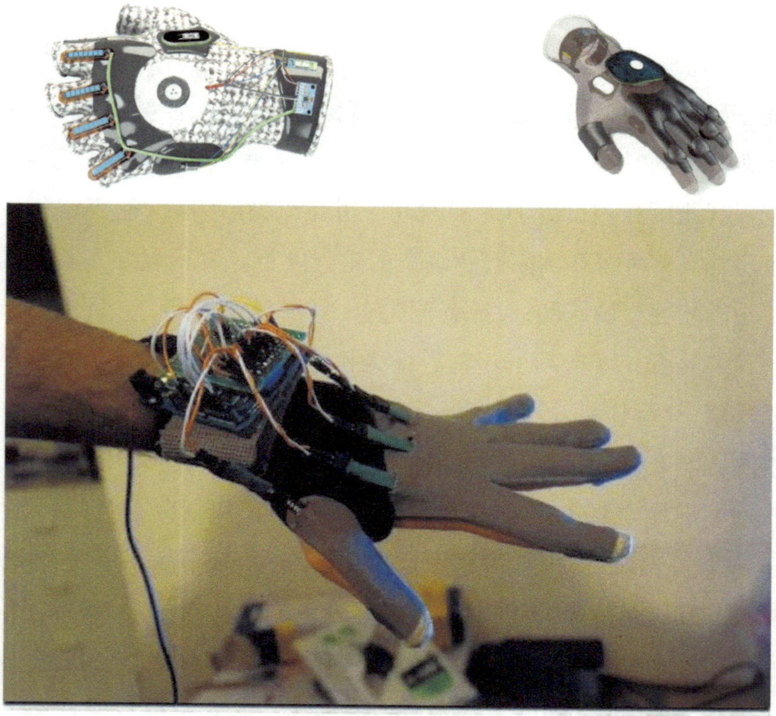

图 3-23　智能骑行穿戴设备

第四章
“懋源杯”桥梁结构设计大赛优秀作品

“懋源杯”大学生桥梁结构设计大赛由华北水利水电大学土木与交通学院杰出校友北京懋源控股股份有限公司董事长陆挺宇先生提供支持和赞助，由共青团华北水利水电大学委员会、土木与交通学院委员会主办。

在比赛过程中，上海同豪土木工程咨询有限公司为学生提供了桥梁博士、方案设计师等软件支持，并为学生设计计算和绘图等提供全面的技术支持。北京迈达斯技术有限公司为学生提供了 Midas-Civil 系列软件支持。

该项赛事旨在提高学生对交通基础设施设计和分析能力，以及新技术应用能力，培养学生的科技创新精神、团队合作精神和创新实践能力。

（一）2019 年“懋源杯”华北水利水电大学第一届大学生桥梁结构设计大赛优秀作品

1. 作品名称：恋花大桥设计

参赛人员及获奖情况见表 4-1。

表 4-1

姓名	学号	学院	专业	分工	指导老师	获奖
吴亮亮	201606613	土木与交通学院	道路桥梁与渡河工程	负责人	赵洋	一等奖
姬艳强	201605130	土木与交通学院	土木工程	团队成员		
夏　琪	201606723	土木与交通学院	道路桥梁与渡河工程	团队成员		
牛明杰	201605201	土木与交通学院	土木工程	团队成员		

作品介绍

本项目依据现有城市桥梁、公路桥梁等规范，综合考虑桥梁的技术先进、安全可靠、适用耐久、美观经济的设计原则，在连续梁桥、刚构桥、斜拉桥三种方案，将斜拉桥作为推荐方案。为增强城市景观，将桥塔外形做成一朵含苞待放的莲花，在拉索的衬托下，桥塔宛如一只飞舞的蝴蝶，寓意“蝶恋花”之意。

恋花大桥是一座 100 m+100 m 独塔双跨斜拉桥，结构体系为塔梁墩固结的刚构体系，主梁为预应力混凝土构件，其余构件均为钢筋混凝土构件，桩基部分采用钻孔灌注桩。本设计使用桥梁博士 4.2 和 Midas-Civil 软件建立分析模型。而拉索作为斜拉桥最重要的受力构件，成桥索力和初始索力的确定是本次设计的重点，在 Midas-Civil 里建立结构模型，通过刚性支撑连续梁法和零位移法限制索塔的位移确定成桥索力，然后经过倒拆分析确定拉索的初拉力，最后通过桥梁博士调索的功能，以主梁和索塔的内力和位移作为控制条件，最终确定斜拉桥中各个阶段的索力。

本设计结合现行桥梁设计规范进行静力分析和动力分析，分析结果表明，桥梁的各项验算均满足规范要求。相关展示分别如图 4-1 ~ 图 4-4 所示。

图 4-1 恋花大桥整体构造

图 4-2 恋花大桥桥塔

图 4-3 恋花大桥路面

图 4-4　恋花大桥拉索

2. 作品名称:3 m×40 m 钢板混凝土组合连续梁桥

参赛人员及获奖情况见表 4-2。

表 4-2

姓名	学号	学院	专业	分工	指导老师	获奖
李逢林	201606416	土木与交通学院	道路桥梁与渡河工程	负责人	曾彦	一等奖

作品介绍

本作品为 3 m×40 m 钢板-混凝土组合连续梁桥,三跨一联,梁端设置 D160 型伸缩缝。按分幅式梁体设计,双向四车道,单幅桥宽 0.5 m(护栏)+11.25 m+0.5 m(护栏),幅间距 1 m。分析计算时,整体升降温按±25 ℃考虑,基础竖向位移按 10 mm 计算,设计荷载采用公路-Ⅰ级车道荷载,并通过疲劳荷载计算模型-Ⅰ考虑钢结构的疲劳效应。

结构设计要点包含:①预应力筋布置。设计采用 B 类预应力体内配束形式,且将张拉控制应力降低至 $\sigma_{con}=0.6f_{pk}=1116$ MPa。即使负弯矩区产生的预应力次效应对中跨主梁受力不利,但经过叠加后的主效应仍使裂缝宽度满足≤0.1 mm 的限值，其适用性、耐久性较钢筋砼桥面板均有较大提高。②中支点处钢箱梁内混凝土板布置。连续梁中支点处需承受较大负弯矩，因此钢箱梁底部需承受较大的压应力。考虑到通过增加截面面积来提高抗弯惯矩的效果是十分有限且经济性较差，本设计在钢箱梁底板处布置 8 m（长）×3.175 m（宽）×0.32 m（高）的混凝土板，并采用刚臂与主梁连接，全桥共设置四块。混凝土板只计入刚度未计入湿重，其重量通过质量面积调整系数偏安全的转化为桥面板重量。如图 4–5 所示。

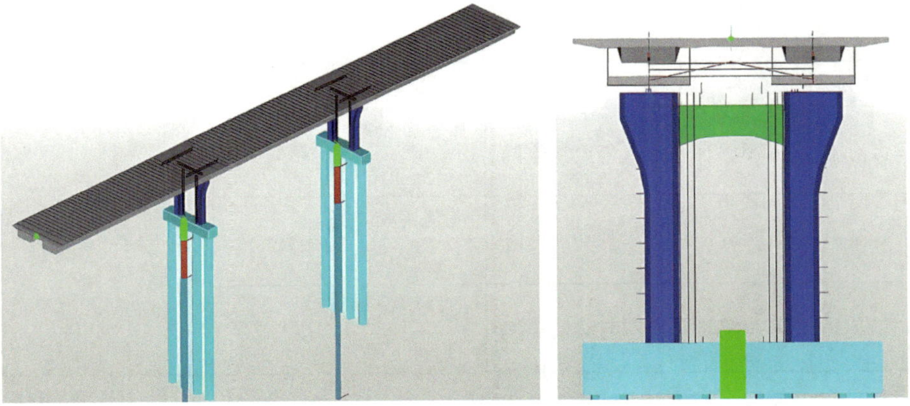

（a）　　（b）

图 4–5　模型概览

经验算，该桥符合安全可靠、适用耐久的设计原则，且具有充足的安全冗余。另外，考虑桥梁景观设计需求，设计结合当前主流花瓶墩的构造形式布置桥墩，并取得了理想的景观效果。

(二)2020年"懋源杯"华北水利水电大学第二届大学生桥梁结构设计大赛优秀作品

1. 作品名称:神秘谷澜沧江斜拉桥设计

参赛人员及获奖情况见表4-3。

表4-3

姓名	学号	学院	专业	分工	指导老师	获奖
龚勃旭	201706821	土木与交通学院	道路桥梁与渡河工程	负责人	刘世明	一等奖
吴赛赛	201706710	土木与交通学院	道路桥梁与渡河工程	团队成员		
高青龙	201706820	土木与交通学院	道路桥梁与渡河工程	团队成员		

作品介绍

本设计为神秘谷澜沧江大桥,近年来由于该地区的快速发展,中心城市向东南片区转移,城市交通流与过境交通流的交汇造成该地区交通严重拥堵,急需建造一座跨江桥梁改善当地的交通状况。在进行斜拉桥设计时,将斜拉桥的塔尖设计成对称的圆弧坡面,桥梁涂装选用白色,使斜拉桥方案的建筑风格能体现出地域和人文特色。

神秘谷澜沧江大桥分左右两幅,为预应力混凝土双塔双索面斜拉桥,结构整体为半漂浮体系,跨径布置为(32+85+300+85+32)m。斜拉桥桥面宽度38.6 m,主梁采用双边箱断面,主梁中心高3.2 m,桥面板设2%的双向横坡。边箱箱底板宽4.4 m,主梁标准段长度为6.0 m,标准段底板、腹板厚为0.4 m,顶板厚为0.3 m,在标准段两边箱间不设底板。边跨50 m为支架现浇段,断面形式为单箱四室断面,距离梁端35~46 m的11 m梁段为箱梁高度变化段，梁高由 4 m 变化至 3.2 m。主梁采用前支点挂篮现浇施工，边跨密索区、端横梁采用支架现浇施工。根据施工方法和斜拉索在主梁上的间距及梁段划分，主梁悬浇节段长为 6 m，索塔处设 10 m 长的 0 号块，在支架或托架上浇注。桥塔整体塔型均为钻石形桥塔，桥塔受力合理。上塔柱为竖直的两个塔柱；中塔柱分开成两个向外倾的塔柱，中塔柱在索塔下横梁处汇合成一个整体，下塔柱为整体断面，结构刚度较大，有较强的抗撞击能力，而且施工简便，造型新颖，实现了受力、美观、经济的和谐统一。

本桥的建设将该片区域的澜沧江内岸连接起来，该桥的设计，一方面可形成市区的南、东环线，另一方面也直接贯通该地区南部区域的连接，有利于形成该市的环形公路网，加强州府与州属南部广大地区的联系，完善交通基础设施，营造良好的旅游和居住商业环境，并显著提高整个地区路网的交通通行效率，对整个地区路网效能的发挥和片区的加速开发有着特别重要的意义。项目相关展示如图 4-6 所示。

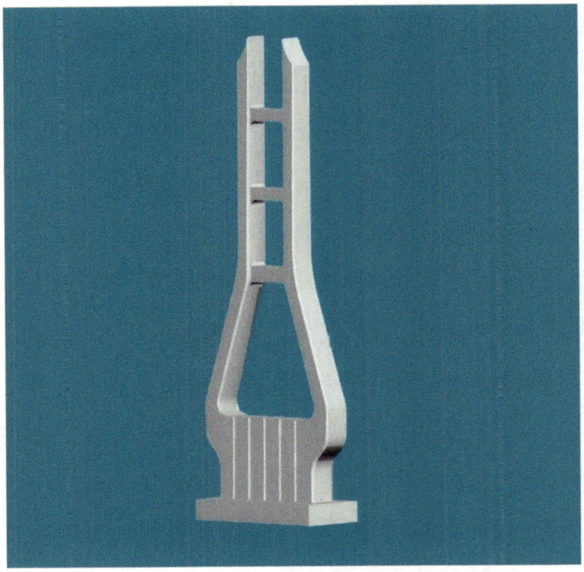

图 4-6 斜拉桥桥塔建筑效果图

2. 作品名称:永泰桥设计

参赛人员及获奖情况见表4-4。

表4-4

姓名	学号	学院	专业	分工	指导老师	获奖
刘　森	201706706	土木与交通学院	道路桥梁与渡河工程	负责人	赵洋	一等奖
李亚晨	201806413	土木与交通学院	道路桥梁与渡河工程	团队成员		
张旭阳	201805911	土木与交通学院	工程力学	团队成员		

作品介绍

本作品为一跨河斜拉桥设计方案,斜拉桥跨径布置为100 m+60 m,边主跨之比为0.6。在边跨,距梁端24 m处设置有辅助墩,以改善结构整体刚度。

主梁采用半封闭式双箱梁的截面形式,由于非对称的跨径布置,在边跨将桥塔和桥台之间梁的截面变化为单箱六室大箱梁以进行压重平衡索力。主梁主要尺寸:顶板跨度为28 m、梁高为230 cm、腹板厚度为60~80 cm,顶板厚度为30 cm,底板厚度为40 cm。

索塔采用斜独塔的形式,桥塔顶部设置半径为780 cm的圆形倒角象征鹤首,同时设置有避雷针象征仙鹤的喙。此造型象征仙鹤取国泰民安、人民幸福安康之意。索塔高61.5 m,索塔中心线与水平方向夹角为62°,拉索与水平方向夹角最小为27°。索塔采用5 m×2.7 m的矩形空心截面,避雷针构造:全长232 cm,分为三段焊接拼装,各长89 cm、99 cm、69 cm,每两段之间有10 cm的焊接区域。拉索布置为平行双索面,斜拉索在主塔上间距为2.5 m,在主跨梁上的间距为10 m,在边跨梁上的间距为4.8 m,斜拉索由7丝钢绞线组成,全桥共2种类型的斜拉索即31束和64束。

桥台为桩柱式桥台。桥台台帽长29.1 m、宽1.9 m、高1.2 m;桥台耳墙上底 75 cm、下底 360 cm、高 300 cm 的梯形截面，厚 30 cm；桥台背墙厚度为 35 cm；桥台桩桩长 20 m。辅助墩形式为无盖梁柱式桥墩。辅助墩横向分成两幅，每幅为两个直径为 120 cm、高 6 m 的柱式桥墩，中心距为 550 cm；辅助墩承台高 1.8 m、长 8 m、宽 2.5 m。辅助墩基础桩长 34 m，直径 1.5 m。

作用在桥上的荷载为：结构自重、汽车荷载、人群荷载、均匀/梯度温升温降、预应力、支座沉降、收缩徐变。主梁的结构验算包括了正截面承载力、斜截面承载力、正截面抗裂、斜截面抗裂、挠度、混凝土法向应力、受拉区钢筋的最大拉应力、混凝土主应力、短暂状况构件法向压应力等。塔柱的结构验算包括正截面抗压弯、斜截面抗剪等。桥墩、桥台、基础主要验算了承载力、抗裂、抗冲切、地基承载力及沉降量等。以上验算内容均符合规范要求。作品具体情况如图 4-7 所示。

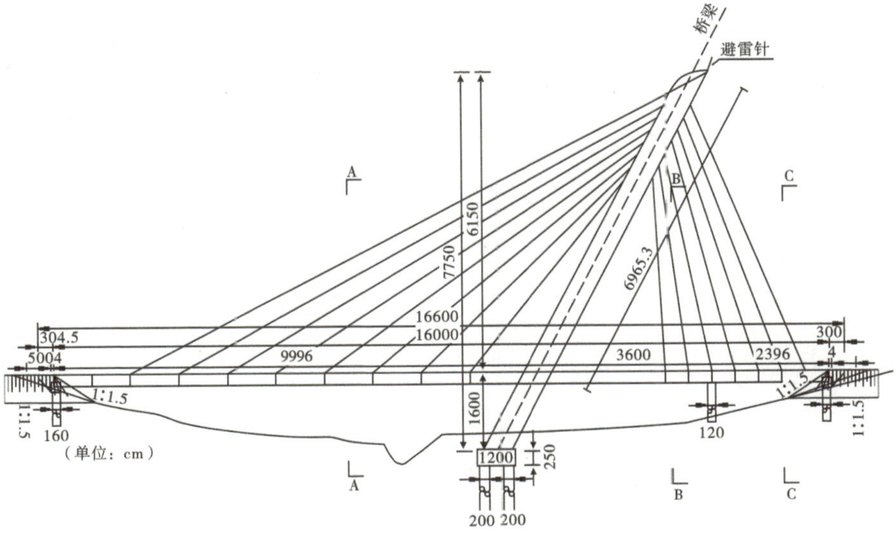

（a）纵剖面图

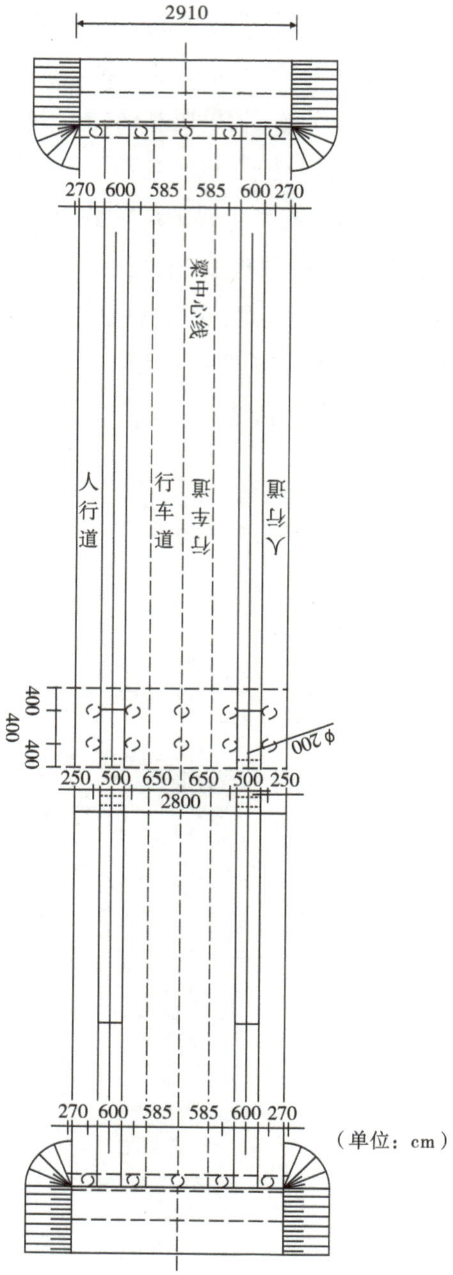
2910
270 600 585 585 600 270
梁中心线
人行道
行车道
行车道
人行道
400
400
400
φ200
250 500 650 650 500 250
2800
270 600 585 585 600 270
（单位：cm）

（b）平面图

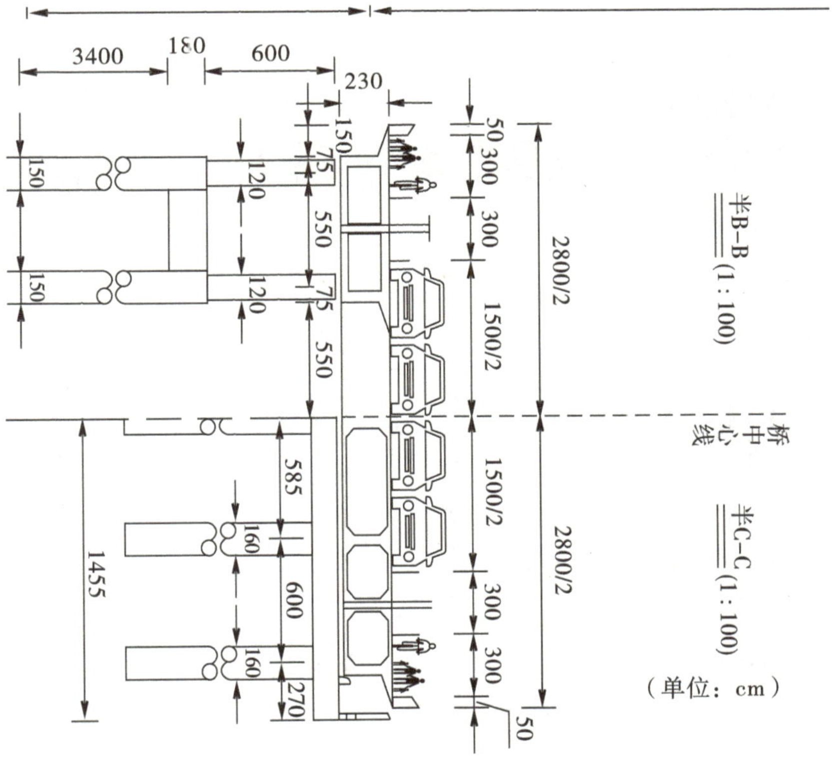

（c）半B-B、C-C断面图

图 4-7 桥型布置

第五章
燃源科技创新奖学金获奖项目优秀作品

（一）中国“互联网+”大学生创新创业大赛获奖作品

中国“互联网+”大学生创新创业大赛是由教育部与政府、各高校共同主办的一项技能大赛。大赛旨在深化高等教育综合改革，激发大学生的创造力，培养造就“大众创业、万众创新”的主力军；推动赛事成果转化，促进“互联网+”新业态形成，服务经济，提质增效升级；以创新引领创业、创业带动就业，推动高校毕业生更高质量创业就业。

1. 作品名称：御振科技——开启结构振动云诊断与控制技术的新时代

获得奖项

第六届中国“互联网+”大学生创新创业大赛河南赛区一等奖。

参赛人员见表5-1。

表5-1

姓名	学号	学院	专业	分工	指导老师
郑梦斐	201706625	土木与交通学院	道路桥梁与渡河工程	负责人	汪志昊、宋智睿、张新中、王琛璐
温金龙	X201910306875	土木与交通学院	土木工程	团队成员	
崔　琪	201806425	土木与交通学院	道路桥梁与渡河工程	团队成员	

续表 5-1

姓名	学号	学院	专业	分工	指导老师
李　鑫	X201910309227	土木与交通学院	工程力学	团队成员	汪志昊、宋智睿、张新中、王琛璐
张静雯	X201910306238	土木与交通学院	土木工程	团队成员	
柯　旺	201806122	土木与交通学院	工程力学	团队成员	
常慧青	X201810727424	管理与经济学院	工商管理	团队成员	
张燕娇	201906313	土木与交通学院	土木工程	团队成员	
尹光照	X201910306232	土木与交通学院	土木工程	团队成员	
程志鹏	Z201810312232	土木与交通学院	建筑与土木工程	团队成员	
祁　鑫	X201810306210	土木与交通学院	土木工程	团队成员	
王进沛	Z201810312254	土木与交通学院	土木工程	团队成员	
崔凯强	Z201810312233	土木与交通学院	土木工程	团队成员	
田文文	201610313136	土木与交通学院	土木工程	团队成员	
郜　辉	201610313121	土木与交通学院	土木工程	团队成员	

作品介绍

21 世纪以来，高层建筑、空间结构、大型桥梁等大型结构工程发展迅速，但由自然、人为或者结构本身性能等因素导致的振动灾害事件屡有发生，轻者影响舒适度，重者引发结构安全问题，给人民生命财产安全造成了重大损失。伴随着“中国制造 2025”面向第四次工业革命制造业转型升级战略的科技浪潮，能否在新时代成为“智”造强国，振控技术是发展过程中的重要环节。大到机械制造业、航空航天，小到汽车减振、阻尼降噪，振控技术无处不在，提高机械结构与航天设备零部件的稳定性、轻量化性以及对噪声的控制都有着重要意义。因此，结构振动诊断与控制技术也成了土木建筑、机械装备、航空航天等领域的共性关键技术，对于国民经济与社会发展发挥着重要作用。

御振科技是一个致力于建筑结构云诊断及振动控制，提供桥梁结构、建筑结构及风电基础设施结构的健康云端监测、结构振动病害诊断、振控效果云评估、产品生产销售及安装售后等服务，通过“监测—诊断—振控—评估”整体解决方案体系，把结构云诊断和振控技术应用于建筑业、交通运输业、机械制造业等领域的新型技术项目。

我们坚持以技术为先导，与郑州市结构振动控制与健康监测重点实验室、郑州市城市综合防灾重点实验室展开深入合作，进行线下的消能减振技术突破。教授汪志昊、张新中老师作为团队核心成员，带领研究生团队，秉承创新精神，为项目提供技术指导。

本项目拥有专业的研发与技术服务团队，凭借多年的专业研究成果和技术突破，利用互联网平台对结构健康状态进行线上监测，为提高现有建筑物的稳固性与使用寿命提供解决方案，为工程提供关于消能减震方面的相关设计与施工方案等。另外采用先进的研发、测试设备，不断追求在技术上的创新，提供社会需要的新型减隔震(振)产品和相关服务，部分产品技术受国家专利保护。相关参赛项目情况展示及获奖情况如图 5-1 ~ 图 5-4所示。

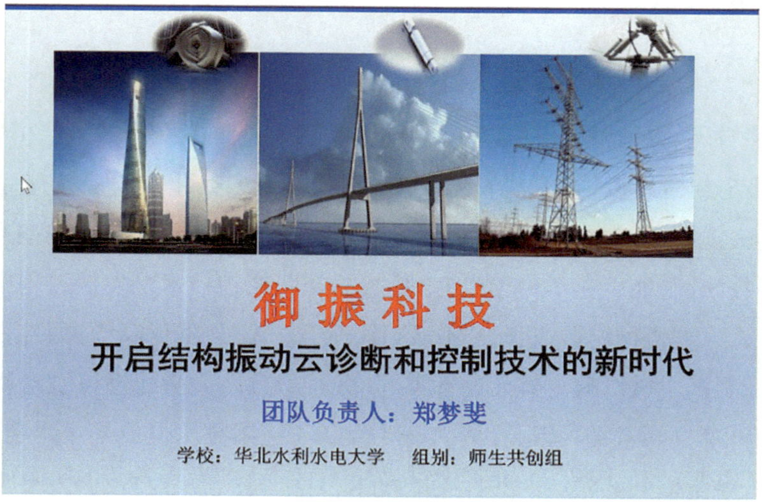

图 5-1　参赛展示

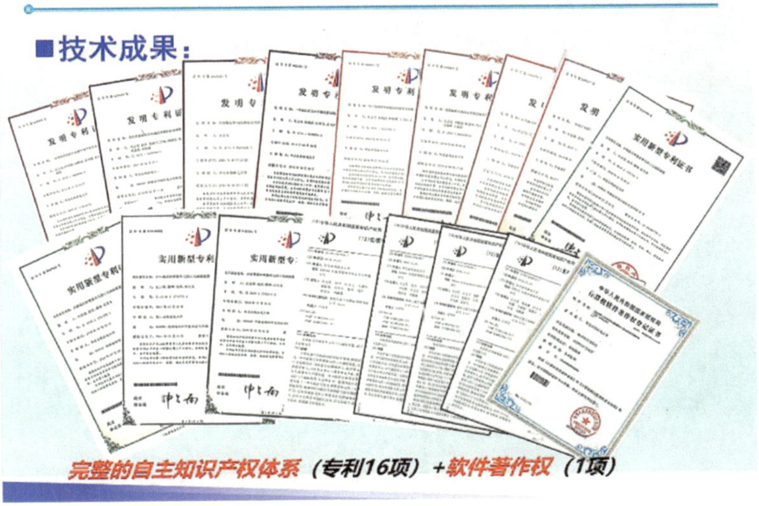

图 5–2　技术成果展示

图 5–3　模型制作

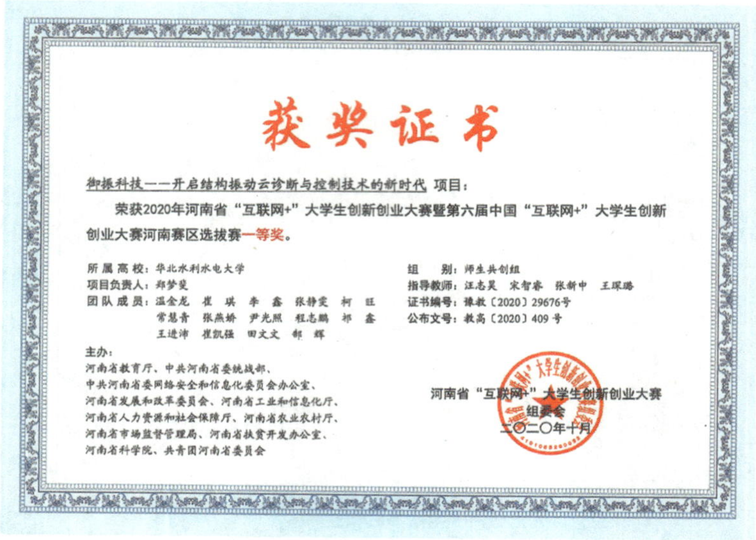

获奖证书

御振科技——开启结构振动云诊断与控制技术的新时代 项目：

荣获2020年河南省“互联网+”大学生创新创业大赛暨第六届中国“互联网+”大学生创新创业大赛河南赛区选拔赛一等奖。

所属高校：华北水利水电大学

项目负责人：郑梦斐

团队成员：温金龙 崔 琪 李 鑫 张静雯 柯 旺 常慧青 张燕娇 尹光照 程志鹏 祁 鑫 王进沛 崔凯强 田文文 郁 辉

组 别：师生共创组

指导教师：汪志昊 宋智睿 张新中 王琛璐

证书编号：豫教〔2020〕29676号

公布文号：教高〔2020〕409号

主办：

河南省教育厅、中共河南省委统战部、中共河南省委网络安全和信息化委员会办公室、河南省发展和改革委员会、河南省工业和信息化厅、河南省人力资源和社会保障厅、河南省农业农村厅、河南省市场监督管理局、河南省扶贫开发办公室、河南省科学院、共青团河南省委员会

河南省“互联网+”大学生创新创业大赛组委会

二〇二〇年十月

图 5-4 获奖证书

2. 作品名称：磐云科技——桥梁全链条智能管养先行者

获得奖项

第七届中国国际“互联网+”大学生创新创业大赛河南赛区一等奖。

参赛人员见表 5-2。

表 5-2

姓名	学号	学院	专业	分工	指导老师
王 照	201806202	土木与交通学院	道路桥梁与渡河工程	负责人	王统宁、汪志昊、赵 洋、徐宙元、崔 欣、宋智睿
柯 旺	201806122	土木与交通学院	工程力学	团队成员	
张诗嘉	201806314	土木与交通学院	道路桥梁与渡河工程	团队成员	
韩思思	201907930	土木与交通学院	交通工程	团队成员	
李晓雨	201812017	电力学院	自动化专业	团队成员	

续表 5-2

姓名	学号	学院	专业	分工	指导老师
张　敏	201907411	土木与交通学院	道路桥梁与渡河工程	团队成员	王统宁、汪志昊、赵　洋、徐宙元、崔　欣、宋智睿
宋帅杰	201907622	土木与交通学院	道路桥梁与渡河工程	团队成员	
张燕娇	201906313	土木与交通学院	土木工程	团队成员	
李恒武	201914211	管理与经济学院	会计学	团队成员	
张　龙	201806613	土木与交通学院	道路桥梁与渡河工程	团队成员	

作品介绍

本项目利用 BIM 信息承载传递优势，融合 GIS、5G 通信技术、物联网、无人机倾斜摄像、三维扫描成像、图像识别等新技术，打通建设与管养壁垒，开展桥梁全链条智能管养服务，提供桥梁结构的全方位实时监测、桥梁信息管理、桥梁安全评估、桥梁养护、加固与延寿等服务，打造“监测—评估—决策—管养”整体解决方案，提供智慧系统产品与服务。

项目打造多感知、多功能、多模块桥梁智慧管养平台。该平台包含：以人工巡检和传感器组成的桥梁状态多元感知系统；桥梁信息、桥梁力学参数、桥梁病害参数组成的桥梁信息和技术状况云数据系统；基于桥梁静态、动态参数、病害特征的桥梁智慧评估系统；基于 BIM 技术、专家云诊断技术的桥梁远程诊断系统；桥梁养护管理与决策系统。平台检测加以科学加固，软硬件配合、虚实结合，打造全链条模式。

通过平台系统的分析功能对桥梁相关技术参数的时间变化和空间差异分析，更准确地评估桥梁安全状态，并通过分级管理和智能分析报表实现桥梁的智慧管理，通过对感知系统和评估的优化实现包括个体在内的路网级桥梁集群的智慧管养。该平台可利用大数据分析评估桥梁健康状况，提供远程诊断和智能辅助决策功能，为桥梁提供全方位、全周期的智慧医院，保证随时检查、按时诊断、及时治疗，大幅提高桥梁使用寿命。

本项目具有“产、学、研”优势:依托郑州市结构振动控制与健康监测重点实验室、郑州市城市综合防灾重点实验室等科研平台,具备先进科研设备和完善的科研条件,可为公司项目研究提供便利的科研条件;实验室技术力量雄厚,技术人才颇多,可在项目中给予一定的技术性指导。

磐云科技必将蓄积力量,秉承“出好产品,做好工程、办好企业”的理念,通过不断地完善和发展,为打造桥梁全链条智能管养的新时代而不断努力!参赛项目情况展示及获奖情况如图 5-5 ~ 图 5-8 所示。

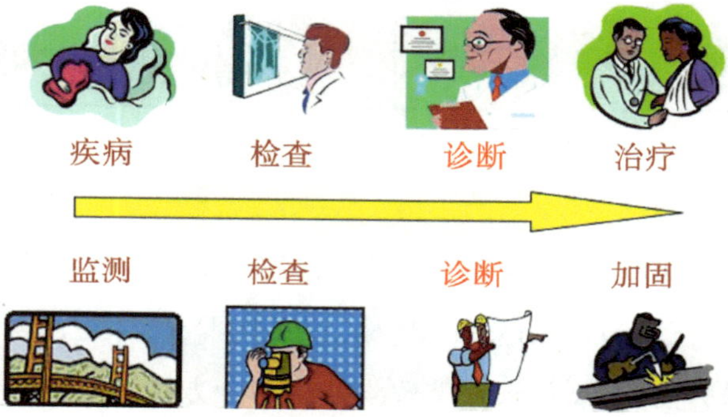

图 5-5　全链条模式示意图

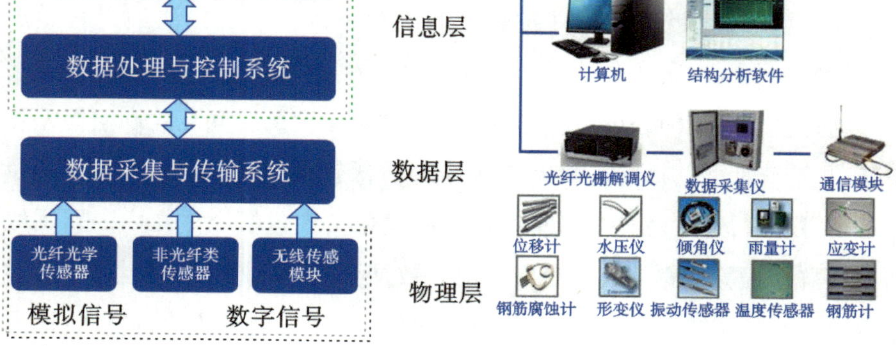

图 5-6　结构监测系统架构

图 5–7　华北水利水电大学土木与交通学院结构振动控制与健康监测重点实验室

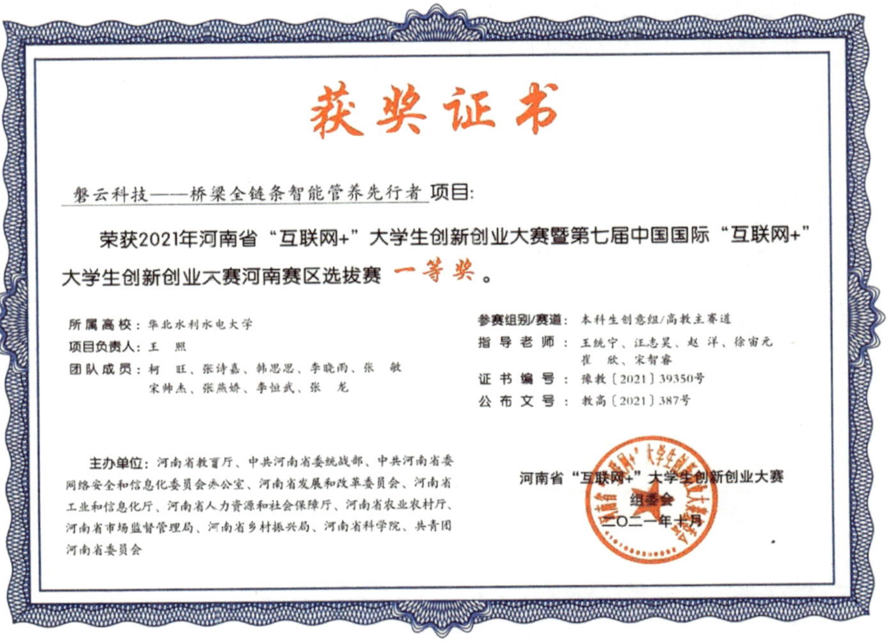

获奖证书

磐云科技——桥梁全链条智能管养先行者 项目:

荣获2021年河南省“互联网+”大学生创新创业大赛暨第七届中国国际“互联网+”大学生创新创业大赛河南赛区选拔赛 一等奖。

所属高校：华北水利水电大学
项目负责人：王　照
团队成员：柯　旺、张诗嘉、韩思思、李晓雨、张　敏
宋帅杰、张燕娇、李恒武、张　龙

参赛组别/赛道：本科生创意组/高教主赛道
指导老师：王统宁、汪志昊、赵　洋、徐宙元
崔　欣、宋智睿
证书编号：豫教〔2021〕39350号
公布文号：教高〔2021〕387号

主办单位：河南省教育厅、中共河南省委统战部、中共河南省委网络安全和信息化委员会办公室、河南省发展和改革委员会、河南省工业和信息化厅、河南省人力资源和社会保障厅、河南省农业农村厅、河南省市场监督管理局、河南省乡村振兴局、河南省科学院、共青团河南省委员会

河南省“互联网+”大学生创新创业大赛
组委会
二〇二一年十月

图 5–8　获奖证书

3. 作品名称:"砼新科技"——渡槽全生命周期安全护卫者

获得奖项

第七届中国国际"互联网+"大学生创新创业大赛河南赛区一等奖。

参赛人员见表 5-3。

表 5-3

姓名	学号	学院	专业	分工	指导老师
柯　旺	201806122	土木与交通学院	工程力学	负责人	张多新、石艳柯、孙　凯、潘建波
徐炳钊	201806125	土木与交通学院	工程力学	团队成员	
左晓斐	201806308	土木与交通学院	道路桥梁与渡河工程	团队成员	
张晓迪	201805607	土木与交通学院	交通工程	团队成员	
李盼玉	201800518	地球科学与工程学院	地质工程	团队成员	
陈文意	201806324	土木与交通学院	道路桥梁与渡河工程	团队成员	
刘　航	201805603	土木与交通学院	交通工程	团队成员	
张文博	201805909	土木与交通学院	工程力学	团队成员	
焦鹏辉	201806028	土木与交通学院	工程力学	团队成员	
徐绍悦	201904921	土木与交通学院	土木工程	团队成员	
程明霞	201805825	土木与交通学院	工程力学	团队成员	
张　硕	202007609	土木与交通学院	土木工程	团队成员	
马紫阳	201906202	土木与交通学院	工程力学	团队成员	
郝鹏程	201923324	乌拉尔学院	能源与动力工程	团队成员	
周宏历	201906217	土木与交通学院	工程力学	团队成员	

作品介绍

公司为一个提议中的公司，全称为“河南砼新科技股份有限公司”。公司用数字赋能新基建，聚焦渡槽全生命周期安全问题，以5G技术为链条融合多种先进技术，打造渡槽“咨询-控温-振控-评估-加固+全周期健康监测”的“5+1”解决方案，提供设计咨询、施工期温控防裂、运营维护、振动控制、安全评估、补强加固等服务。目前公司针对渡槽健康问题，已研发出钢缝-黏弹性阻尼器、大型渡槽施工期槽体混凝土温控防裂装置、大型薄壁结构混凝土控温评价分析系统，正在向“更数字”“更迅速”“更智慧”发展。

公司坚守“助力智慧水利发展，保障渡槽结构安全”的初心，追求“以需求为引导，以创新为先驱”的发展理念，不断追求技术创新，目前已形成一套针对解决渡槽设计期、建造期、运营期安全问题的较为完备的技术体系。公司技术实力雄厚，拥有渡槽工程领域专家张多新博士、石艳柯博士以及数字信息仿真领域专家孙凯高级工程师，同时与水利行业监管研究中心、河南省岩土力学与结构工程重点实验室、河南省水资源智慧监管工程技术研究中心和郑州市结构振动控制与健康监测重点实验室建立了长期友好合作关系，形成了“需求牵引—基础研究—技术成熟度提升—成果转化与产业应用”的全过程研发生态链。

公司牢记“实现自我价值，创造社会价值”的经营宗旨，勇担企业社会责任，积极探索“政产学研用”协同合作模式机制。我司拟打造全国渡槽信息数据云平台，精确反块渡槽修建情况、健康状况，为国家战略布局提供可靠的数据支撑。我司还将成立智慧水利教育实践基地，免费向社会开放，展示现代智慧水利技术，培养民众环保节水意识，同时还将与各水利高校合作培养新型水利人才。参赛项目情况展示及获奖情况如图5-9～图5-13。

图5-9 项目logo

图 5-10　钢缝-黏弹性阻尼器

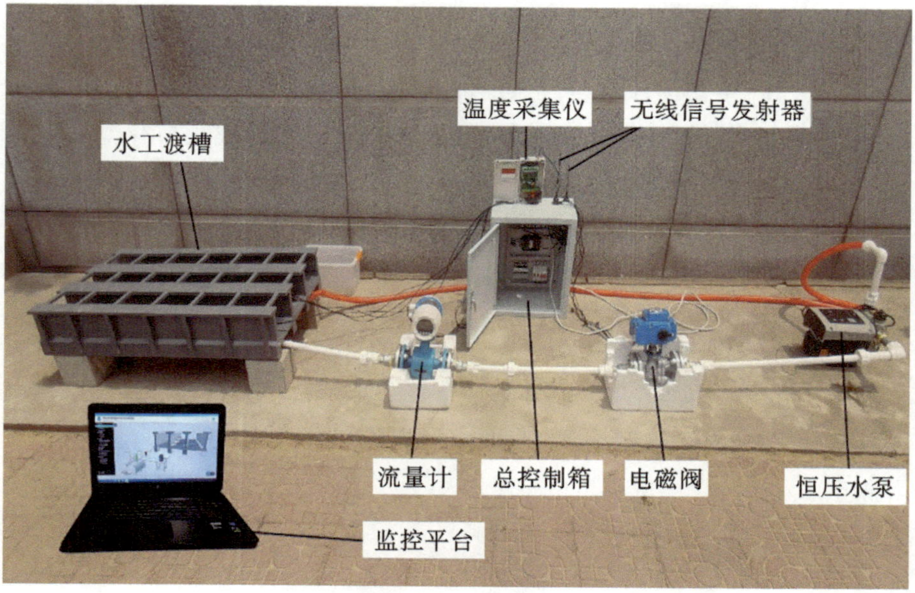

图 5-11　大型渡槽施工期槽体混凝土温控防裂装置

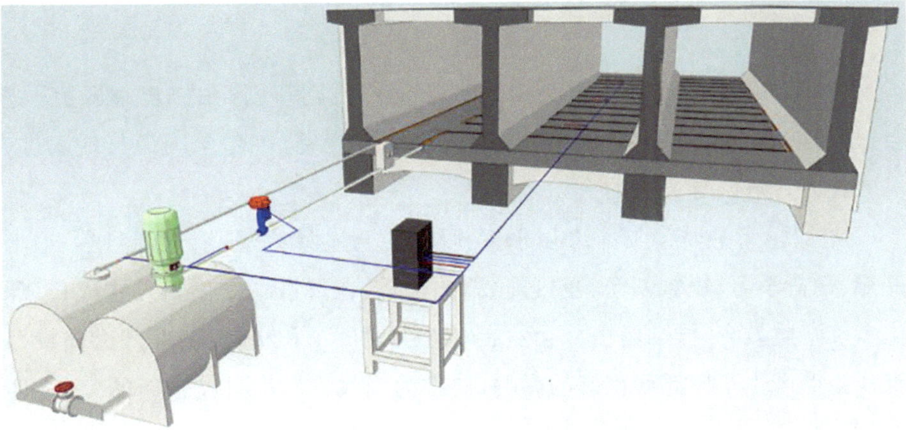

图 5-12　大型薄壁结构混凝土控温评价分析系统

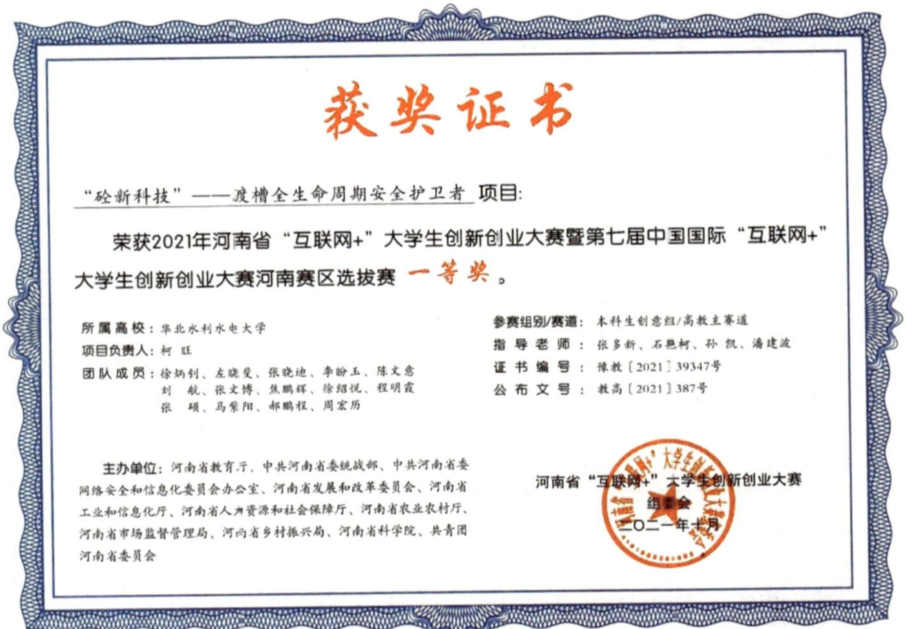

获奖证书

“砼新科技”——渡槽全生命周期安全护卫者 项目:

荣获2021年河南省“互联网+”大学生创新创业大赛暨第七届中国国际“互联网+”大学生创新创业大赛河南赛区选拔赛一等奖。

所属高校：华北水利水电大学
项目负责人：柯 旺
团队成员：徐炳钊、左晓斐、张晓迪、李盼玉、陈文意
刘 航、张文博、焦鹏辉、徐绍悦、程明霞
张 硕、马紫阳、郝鹏程、周宏历

参赛组别/赛道：本科生创意组/高教主赛道
指导老师：张多新、石艳柯、孙 凯、潘建波
证书编号：豫教〔2021〕39347号
公布文号：教高〔2021〕387号

主办单位：河南省教育厅、中共河南省委统战部、中共河南省委网络安全和信息化委员会办公室、河南省发展和改革委员会、河南省工业和信息化厅、河南省人力资源和社会保障厅、河南省农业农村厅、河南省市场监督管理局、河向省乡村振兴局、河南省科学院、共青团河南省委员会

河南省“互联网+”大学生创新创业大赛
组委会
二〇二一年十月

图 5-13　获奖证书

(二)"挑战杯"系列竞赛获奖作品

"挑战杯"系列竞赛被誉为中国大学生科技创新创业的"奥林匹克"盛会,是目前国内大学生最关注最热门的全国性竞赛,也是全国最具代表性、权威性、示范性、导向性的大学生竞赛。

自1989年首届竞赛举办以来,"挑战杯"竞赛始终坚持"崇尚科学、追求真知、勤奋学习、锐意创新、迎接挑战"的宗旨,在促进青年创新人才成长、深化高校素质教育、推动经济社会发展等方面发挥了积极作用,在广大高校乃至社会上产生了广泛而良好的影响,被誉为当代大学生科技创新的"奥林匹克"盛会。

1. 作品名称:嵩安科技——惯容电涡流振控技术的领航者

获得奖项

第十二届"挑战杯"中国大学生创业计划竞赛铜奖。

参赛人员见表5-4。

表5-4

姓名	学号	学院	专业	分工	指导老师
郑梦斐	201706625	土木与交通学院	道路桥梁与渡河工程	负责人	汪志昊、宋智睿、张新中
尹光照	X201910306875	土木与交通学院	土木工程	团队成员	
温金龙	X201910306232	土木与交通学院	土木工程	团队成员	
张静雯	X201910306238	土木与交通学院	土木工程	团队成员	
李　鑫	X201910309227	土木与交通学院	工程力学	团队成员	
常慧青	X201810727424	管理与经济学院	工商管理	团队成员	
柯　旺	201806122	土木与交通学院	工程力学	团队成员	
崔　琪	201806425	土木与交通学院	道路桥梁与渡河工程	团队成员	
张燕娇	201906313	土木与交通学院	土木工程	团队成员	

作品介绍

2020 年 5 月 5 日，虎门大桥发生的涡振现象，其振动原因与塔科马、西堠门大桥相同，都属于桥梁风工程的限幅涡激振动，引起了社会的广泛关注。国内外，桥梁涡振现象普遍，导致人们更加关注桥梁结构物的安全。对于处在地质构造条件不好地区的建筑物而言，消能减震同样受到了人们的重视。因此，随着社会的发展与进步，对于建筑物的抗风抗震性能的研究越来越多。对此，本公司立足振控咨询、振因的检测与分析业务，自主研发创新技术产品，打造创新品牌，服务于社会和国家。

嵩安振控科技是一个致力于建筑结构振动控制研究，提供结构振控咨询与培训、振动检测评估与病害处理、新型减隔振产品销售、结构振动健康检测等一系列服务，将惯容电涡流减振新技术应用于建筑业、机械制造业、交通运输业的新型技术项目。

项目基于惯容电涡流减振新技术等开展相关产品的定制与服务，以此来保障结构安全，延长结构寿命；长期致力于贯彻落实生态环保理念与可持续发展观，践行绿色经济可持续发展的新理念。

项目依托房建、桥梁、风电结构等领域相关阻尼产品技术十余项自主知识产权的国家专利优势，联合河南省岩土力学与结构工程重点实验室、郑州市结构振动控制与健康监测重点实验室以及学校工程训练中心，展开深入合作，实现同步研究。邀请领域专家及教授作为专家顾问，带领研究团队攻克技术难关，基于现有电涡流惯质阻尼器、调谐质量阻尼器和负刚度效应的斜拉索减振技术开展科技创新，成果转化。主要销售经过技术改进和提升的减隔震阻尼产品，并针对特殊性质建筑结构提供产品定制研发的个性化服务；根据结构振动发生前后的数据检测分析等提供振控咨询、评估、修复等方面的相关服务；为设计、监理、施工等建筑行业相关企事业单位提供振控技术人才培训和知识讲座等服务。参赛项目情况展示及获奖情况如图 5-14 ~ 图 5-16所示。

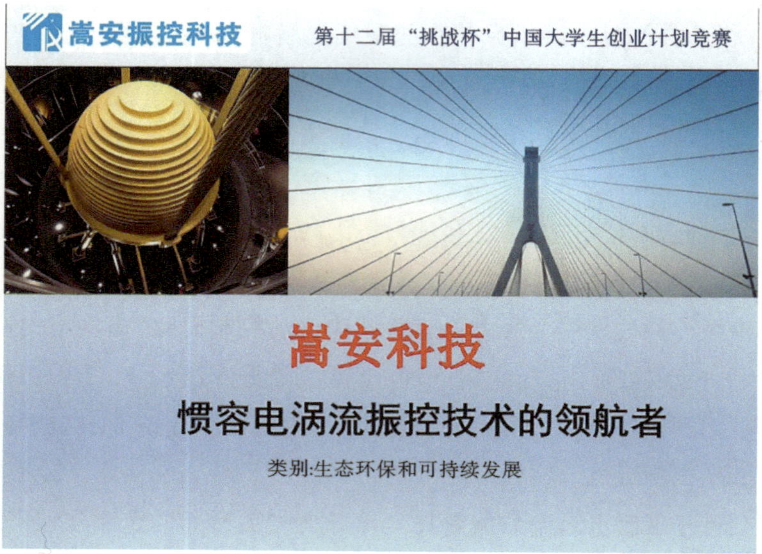

图 5-14　参赛展示

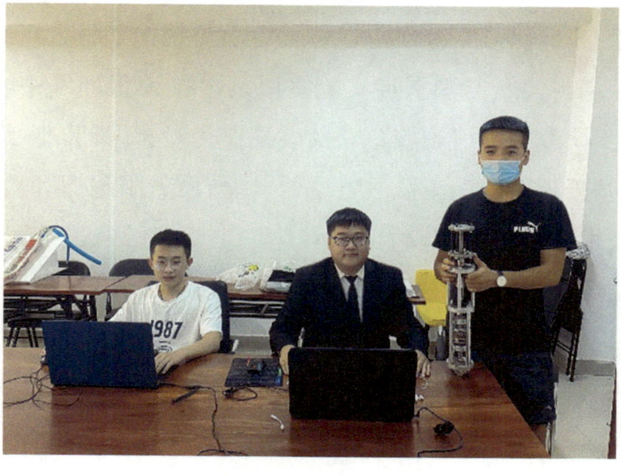

图 5-15　参赛准备

图 5-16　获奖证书

2. 作品名称：古桥保护调查研究——以郑州及周边城市古桥为例

获得奖项

第十五届"挑战杯"河南省大学生课外学术科技作品竞赛一等奖。

参赛人员见表 5-5。

表 5-5

姓名	学号	学院	专业	分工	指导老师
张　龙	201806209	土木与交通学院	道路桥梁与渡河工程	负责人	崔　欣、师胜祺、宋智睿
王　照	201806202	土木与交通学院	道路桥梁与渡河工程	团队成员	
贺倩倩	201806221	土木与交通学院	道路桥梁与渡河工程	团队成员	
杨　光	201806322	土木与交通学院	道路桥梁与渡河工程	团队成员	

作品介绍

历史是一个国家的财富，文化是一个民族的基础。习近平总书记2020年考察广济桥时指出，要珍惜和保护好这份宝贵的历史文化遗产，不能搞过度修缮、过度开发，尽可能保留历史原貌。本作品旨在引起社会对古桥文化的关注，进而加强对古桥的保护，深化古桥情怀，传承古桥文化，增强民族自信！

通过实地考察和文献查阅，就古桥桥址、桥型、沧桑历史、民间故事、民间艺术、周围环境、古桥文化、古桥病害、损伤与维修等内容进行调研，发现当下郑州及周边城市古桥及其文化保护措施的不完善之处，汇总古桥常见病害并提出合理性建议。

深入剖析郑州市及周边城市部分古桥病害背后的形成原因及影响因素，选择有效的措施，继而提高对这些古桥的保护，弘扬中国古桥文化。

随着社会经济的发展，古桥遗产保护至关重要。古代桥梁将工程建设与美学艺术完美结合，能够在一定程度上展现不同历史时期的社会生产能力和人民生活水平。古桥作为物质文化遗产，在展现我国传统文化内涵的同时，还凝聚着古代劳动人民的精神意志与智慧结晶，彰显先辈的智慧。华水古桥调查研究队通过调查郑州及周边城市部分古桥的桥型结构、形式特点及发展历程等，结合专业所学知识对古桥病害进行研究分析，以期能够在一定程度上增强社会对古代桥梁的关注程度，使人们在认识到其价值的同时，积极行动起来，保护好这份珍贵的历史文化遗产。同时各地政府也应该建立健全古桥遗产保护体制，合理开发利用现有资源，由政府引领、文旅部门主管、其他部门以及社会共同参与实行桥梁的保护工作。

中华民族的历史文化源远流长，激荡着穿越时空的历史回响，也孕育着丰富多彩的文化瑰宝。对于文化遗产，习近平总书记强调“保护文物功在当代、利在千秋。”对于古桥文化遗产，保护其传承更应走在第一步！

参赛准备及获奖情况如图5-17、图5-18所示。

惠济古桥
已赖慈航能普渡　共遵王洛足周旋
彩虹天半落何年　惠济美名到处传
惠济古桥
惠济桥，位于河南省郑州市惠济区惠济桥村内，距今已有1000多年的历史，据史书记载及考古人员研究，桥梁始建于隋唐时期。桥梁结构是由精工细雕的青石砌成的三孔结构，在大运河通济渠的整体历史上，惠济桥占有浓重的一笔。2013年桥体附属结构根据考古情况并结合县志中的相关图像进行修复，桥头堡经过图像判定形状大小与地处位置，根据历史资料与考古文献予以复原。
微信扫码关注公众号：
豫见桥文化

（a）

清代黄河第一铁路
清代黄河桥
郑州黄河铁路大桥，原名平汉铁路郑州黄河大桥，即郑州黄河铁路老桥，别名“中国黄河第一铁路大桥”，是我国第一座横跨黄河南北的钢体结构铁路大桥。桥梁全长3015米，时至今日，这座古桥仅仅留下了160米作为景区的一处遗址开放游览。
桥面上无排水设施，雨水直接冲刷桥面，桥面上的钢筋混凝土板之间滋生木植，对美观及游客的安全都有严重危害。
桥面两侧的栏杆严重腐蚀和损坏，影响游客的人身安全；被腐蚀的节点板会导致桥梁整体结构的耐久性下降，降低截面特性，使材料更容易出现缺陷和裂纹，从而使桥梁的承载力急剧减小。
铁轨下部的枕木常年遭受雨水的浸泡，被侵蚀得十分严重，局部发黑，有的枕木都已经破裂，只剩下一半，内部还有很多细小的裂缝以及一些风化物。
七里河断桥
七里河“断桥”隐藏在东风南路七里河桥的东侧，是1965年修建的郑州铁路枢纽东北环线上的一座跨河铁路桥，是针对当时多变的世界形势修建的战备铁路桥。
节点板的破坏、节点板锈蚀、枕木腐朽发黑、桥墩顶端木植增生
①钢材锈蚀修复包括表面处理、底层打磨和油漆涂装；
②木材表面涂刷防水防腐保护剂，尽量做到“修旧如旧”；
③桥墩顶端清除表面木植，墩身重新填充石料。

（b）

图 5-17　古桥调查

获奖证书

华北水利水电大学 张龙 王燕 贺倩倩 杨光 的作品《古桥保护调查研究--以郑州及周边城市古桥为例》 在第十五届“挑战杯”河南省大学生课外学术科技作品竞赛中荣获

一等奖

指导老师：崔欣 师胜祺 宋智睿

特发此证，以资鼓励。

共青团河南省委 河南省教育厅 河南省科学技术协会 河南省社会科学院 河南省学生联合会

二〇二一年六月

图 5-18 获奖证书

3. 作品名称：一种斜拉索电涡流惯质阻尼器减振装置

获得奖项

第十五届“挑战杯”河南省大学生课外学术科技作品竞赛一等奖。

参赛人员见表 5-6。

表 5-6

姓名	学号	学院	专业	分工	指导老师
李　鑫	X201910309227	土木与交通学院	工程力学	负责人	汪志昊、宋智睿
程志鹏	Z201810312232	土木与交通学院	建筑与土木工程	团队成员	
尹光照	X201910306875	土木与交通学院	土木工程	团队成员	
张静雯	X201910306238	土木与交通学院	土木工程	团队成员	
周宇翔	X20201030322	土木与交通学院	土木工程	团队成员	
刘　洋	X20201030308	土木与交通学院	工程力学	团队成员	
李　阳	X20201030323	土木与交通学院	土木工程	团队成员	

作品介绍

本作品属于斜拉索振动控制领域，具体涉及一种融合旋转式电涡流阻尼技术与滚珠丝杠两节点惯质单元的电涡流惯质阻尼器（ECIMD）装置及其实现方法，其中，阻尼单元由上下导磁钢板及固定于导磁钢板上的永磁体组和上下导磁钢板之间的导体铜板构成；惯质单元是由滚珠丝杠传动系统（包括联轴器、惯性飞轮和导体铜板等）构成。

当大小相等、方向相反的力沿轴向施加于 ECIMD 上下两端连接点，阻尼器两端连接点之间就会产生相对轴向运动，通过 ECIMD 的滚珠丝杠传动系统可将该轴向运动进一步转化为惯性飞轮和导体铜板等旋转构件的高速旋转运动，而旋转构件的转动惯性矩及导体铜板切割永磁体组磁力线产生的电涡流阻尼力矩经滚珠丝杠传动系统进一步放大分别形成轴向惯性力与电涡流阻尼力。

相较于传统被动黏滞阻尼器（VD），本作品实现了电涡流阻尼与惯性质量对斜拉索减震的双重增效，且 ECIMD 可以较低的阻尼成本实现对斜拉索多模态减振效果的显著提升，其具有广泛的推广应用价值。参赛展示及获奖情况如图 5-19 ~ 图 5-21 所示。

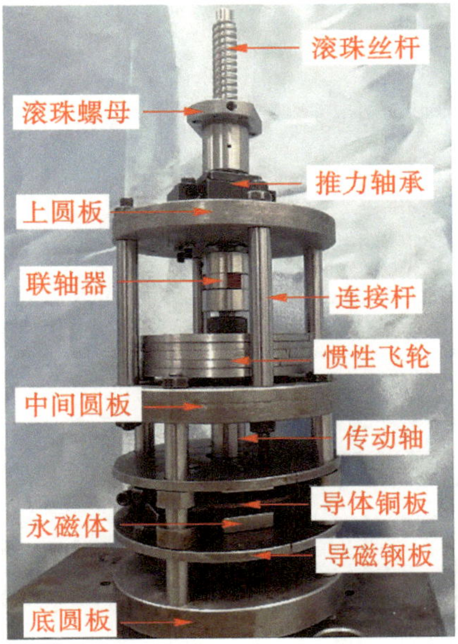

图 5-19　ECIMD 装置试验样机

图 5-20　ECIMD 装置斜拉索减振试验

挑战杯

获奖证书

华北水利水电大学 李鑫 尹光熙 程志鹏 张静雯 周宇翔 刘洋 李阳

的作品《一种斜拉索电涡流惯质阻尼器减振装置》在第十五届"挑战杯"河南省大学生课外学术科技作品竞赛中荣获

一等奖

指导老师：汪志昊 宋智睿

特发此证，以资鼓励。

共青团河南省委 河南省教育厅 河南省科学技术协会 河南省社会科学院 河南省学生联合会

二〇二一年六月

图 5-21 获奖证书

4. 作品名称:易安科技——中小跨径桥梁局部快速损伤定位的开拓者

获得奖项

2022 年"挑战杯"河南省大学生创业计划竞赛特等奖。

参赛人员见表 5-7。

表 5-7

姓名	学号	学院	专业	分工	指导老师
张 敏	201907411	土木与交通学院	道路桥梁与渡河工程	负责人	陈记豪、宋智睿
潘 岩	202007827	土木与交通学院	道路桥梁与渡河工程	团队成员	
李欣宴	202006714	土木与交通学院	工程力学	团队成员	
杨亚茹	202008216	土木与交通学院	交通工程	团队成员	
李歆瑶	202006613	土木与交通学院	工程力学	团队成员	

续表 5-7

姓名	学号	学院	专业	分工	指导老师
杜英杰	201906717	土木与交通学院	土木工程	团队成员	陈记豪、宋智睿
韦帅强	201907404	土木与交通学院	道路桥梁与渡河工程	团队成员	
王梦圆	201907603	土木与交通学院	交通工程	团队成员	
韩思思	201907930	土木与交通学院	交通工程	团队成员	
张燕娇	201906313	土木与交通学院	土木工程	团队成员	

作品介绍

如今，无论从桥梁数量还是跨度上，中国都是当之无愧的世界第一桥梁大国，而要从桥梁大国变为桥梁强国，不仅要规模大更要寿命长。桥梁作为公路的重要组成部分，直接关系着行车的安全与畅通，以及公众的人身安全。对于出现损伤的桥梁，需要对其进行定期检测，并对其的使用状态进行评估，以挖掘桥梁结构既有的承载能力，延长使用寿命，从而达到节省资金的目的。中小跨径桥梁在我国普遍存在，数量颇多，占桥梁总数的 90% 以上，若将昂贵的大桥及特大桥监测系统应用于此类桥梁进行长期实时监测，从经济上是不合理的，实际上是不可行的。

本项目基于挠度差影响线的曲率，提出了梁式桥局部损伤识别方法，并制作了竹材桥梁模型，编制了软件，建立了梁式桥损伤快速定位系统。系统采用竹皮模拟梁桥的实际受力情况，在跨中放置一个激光位移计，相比于其他位移测量设备，它具有高精度、无接触及全场测量的特点，能实现独立不受干扰地对被测对象进行测量，通过将重物放在不同位置加载，使激光位移计在跨度测得的挠度值通过采集器采集到电脑，将采集后的数据输入具有自主知识产权的软件中可以快速识别损伤的位置。该系统借助于移动加载所得桥梁跨中挠度差影响线的曲率，实现了桥梁局部损伤识别。该方法克服了其他检测方法测点数量多、效率低、对局部损伤不敏感的难题，为梁式损伤检测提供了一种经济、高效的局部损伤识别方法。

另外，基于工程实践提出了通过桥梁上部纵梁间接缝位置低成本应变片埋置获取结构振动频率,对桥梁整体性进行监控判断技术。在建造装配式桥梁或者铰缝大修时预埋振弦式应变计,成桥或维修过后测试初始状态,分析出各个测点的基频,此后只需定期打开接线盒连接动态信号测试仪,获取动态信号,分析出各个测点的基频,纵向对比判定桥梁整体受力性能的变化情况。整个测试过程中无须中断交通和安装传感器,在正常通车运营情况下,就可以采集动态信号,通过快速傅里叶变换获得基频,因而,该方案简单易行、造价低廉,测试无须中断交通,可高效地实现桥梁整体受力状态的连续监控,为桥梁健康状态评估提供可靠依据,且便于动态掌握桥梁整体受力性能变化情况,具有较强的工程应用价值。

参赛情况展示如图 5-22 ~ 图 5-24 所示。

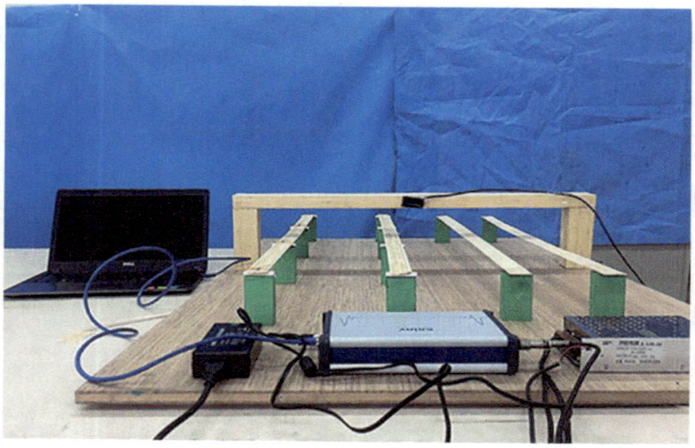

图 5-22 连续梁桥损伤识别系统

图 5-23 连续梁桥损伤示意图

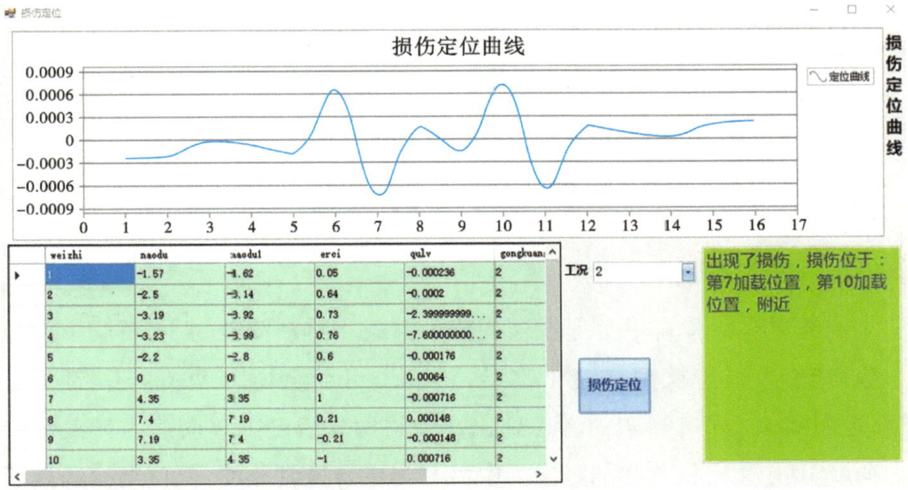

图 5-24　试验模型的连续梁损伤示意图

（三）全国大学生结构设计竞赛获奖作品

全国大学生结构设计竞赛由教育部、财政部首次联合批准发文（教高函【2007】30 号）的全国性九大学科竞赛资助项目之一，目的是为构建高校工程教育实践平台，进一步培养大学生创新意识、团队协同和工程实践能力，切实提高创新人才培养质量。该竞赛由中国高等教育学会工程教育专业委员会、高等学校土木工程学科专业指导委员会、中国土木工程学会教育工作委员会和教育部科学技术委员会环境与土木水利学部共同主办，各高校轮流承办和社会企业资助协办。

作品名称：刚柔相济

获得奖项

“上海建工杯”第十四届全国大学生结构设计竞赛二等奖。

参赛人员见表 5-8。

表 5-8

姓名	学号	学院	专业	分工	指导老师
杨清华	201907019	土木与交通学院	土木工程	负责人	陈记豪、韩爱红、程远兵
谢海光	201804728	土木与交通学院	土木工程	团队成员	
肖嘉辰	201805416	土木与交通学院	交通工程	团队成员	

作品介绍

根据赛题要求,本桥以承受竖向静力荷载和移动荷载为主,桥梁中部分参数待定,为减少模型试验工作量,将多个可变待定参数进行了简化处理,进而减少了可变参数。考虑到比赛中结构先后受到竖向静力荷载和移动荷载,其中以分散作用的竖向集中荷载为主要控制荷载,模型结构选择了刚架和拉索和部分张弦体系,由竹材做的拉索作为传力体系,将分散作用在主梁上的竖向集中荷载的力传给主塔刚架,同时由于二级荷载的不同移动方式,导致整体结构受到偏心荷载,从而产生扭转内力,主要由刚架来抵抗这部分扭转力,保证结构具有足够的刚度,以控制其竖向位移和侧向位移在规定限制内。用于抵抗构件扭转内力和承受各点传递的静力荷载。

经过优化,我们最终的模型确定为:③轴线处设立一榀刚架,由刚架和拉条来承担静力荷载,其次,在②轴线的地方设立一组腿,在 A、B、C、D 加载点上加上下弦杆,建立一个张弦体系,控制其位移和挠度,能够增强其稳定性和刚度。

经分析,其应力情况:一级加载工况下,最大拉应力为50.4 $N/mm^2<[\sigma]=60\ N/mm^2$,最大压应力为 26 $N/mm^2<[\sigma]=30\ N/mm^2$。满足要求。

根据不同工况荷载下的应力情况分析,二级加载工况下,最大拉应力为 42 $N/mm^2<[\sigma]=60\ N/mm^2$,最大压应力为 21.2 $N/mm^2<[\sigma]=30\ N/mm^2$。三级加载工况下,最大拉应力为 38.2 $N/mm^2<[\sigma]=60\ N/mm^2$,最大压应力为 29.1 $N/mm^2<[\sigma]=30\ N/mm^2$。满足要求。刚度以及稳定性分析方法如上,均能满足要求。

参赛项目模型及获奖情况如图 5-25 ~ 图 5-27 所示。

图 5-25 模型实物图

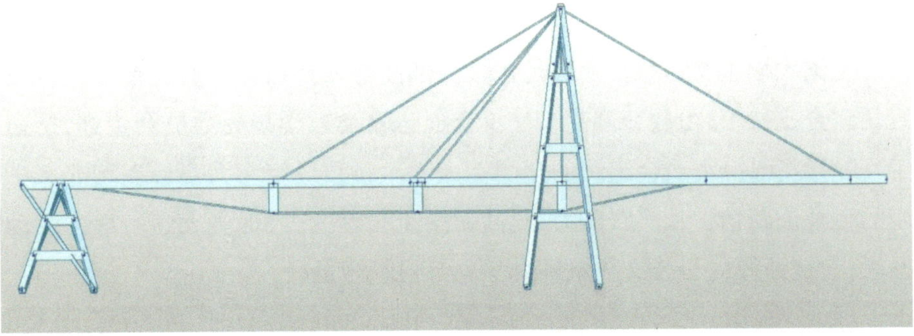

图 5-26 迈达斯建模立面图

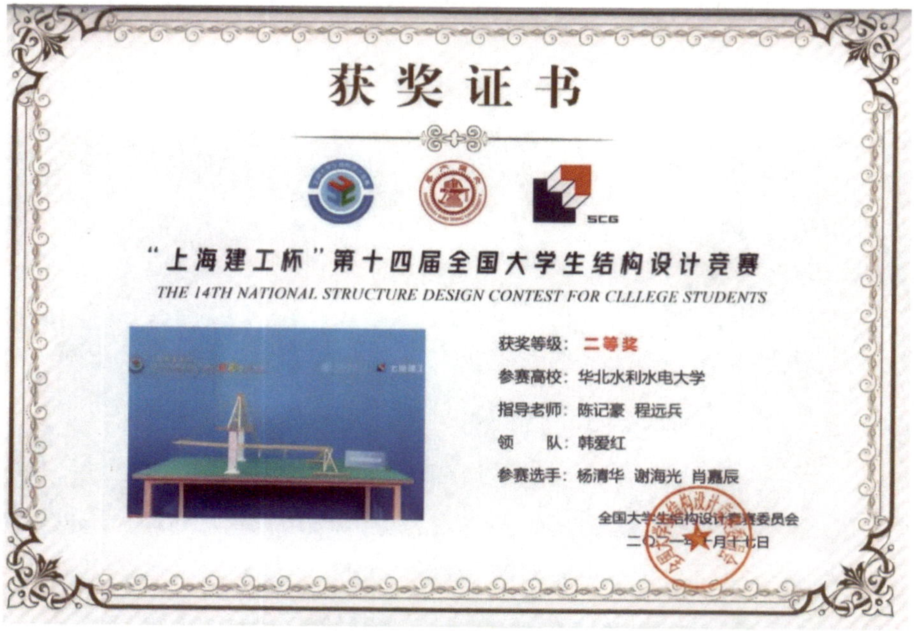

图 5-27 获奖证书

(四)大学生交通科技大赛获奖作品

全国大学生交通科技大赛是在教育部高等教育司和交通运输部人事教育司联合支持下,由教育部高等学校交通运输类教学指导委员会主办,交通工程教学指导分委员会组织的全国性大学生科技竞赛。大赛旨在培养大学生的科技创新精神和实践能力,提高大学生科学素养,促进大学生学术活动开展,营造浓厚的科技文化氛围,提高本科教学质量。

作品名称:秸秆纤维沥青混合料路用性能研究及机理分析

获得奖项

"运星杯"第二届河南省大学生交通科技大赛二等奖。

参赛人员见表5-9。

表5-9

姓名	学号	学院	专业	分工	指导老师
刘佳琦	201506008	土木与交通学院	交通工程	负责人	陈渊召、李振霞
王菁菁	201605704	土木与交通学院	交通工程	团队成员	
伊　轲	201605707	土木与交通学院	交通工程	团队成员	
张傲翔	201605715	土木与交通学院	交通工程	团队成员	
李鹏阳	201506015	土木与交通学院	交通工程	团队成员	

作品介绍

为解决沥青混合料高温稳定性和水稳定性不足等问题，进行了秸秆纤维沥青混合料配合比设计；分别对比分析了掺入棉、玉米秸秆纤维和未掺入秸秆纤维的沥青混合料的高温稳定性、低温抗裂性及水稳定性；从微观角度揭示纤维与沥青混合料之间作用机理。

掺加秸秆纤维后混合料各项性能相比无纤维混合料均有明显提升。纤维加入后，纤维沥青的抗剪切强度增大，界面作用增强，使得纤维沥青相与矿料间的界面效应增强，从而有效提升了纤维沥青路面的抗破坏能力。通过用电镜观察沥青混合料中沥青与矿料黏结界面，系统地阐明了沥青基体与矿料的黏结机理，提出了界面微观结构分析与材料宏观性能研究相结合的研究思路。纤维在沥青中由于相互搭接，对沥青混合料形成网络缠绕约束作用，产生约束力，从而有效克服了颗粒间的相对滑移和裂缝的产生。

研究结果表明：秸秆纤维沥青混合料的高温稳定性、低温抗裂性和水稳定性均优于普通沥青混合料；玉米秸秆纤维与棉花秸秆纤维表面更加粗糙、长径比更大、更容易分散决定了其改善效果优于无纤维的沥青混合料，纤维对沥青的吸附作用能够降低混合料温度敏感性、提高其稳定性，纤维的无规则分布在混合料内形成三维网状结构，具有串联骨架功能，在沥青混合料初始开裂时起到拉伸作用，阻止裂缝进一步扩展，从而秸秆纤维沥青混合料具有优良的路用性能。参赛作品展示及获奖情况如图5-28～图5-32所示。

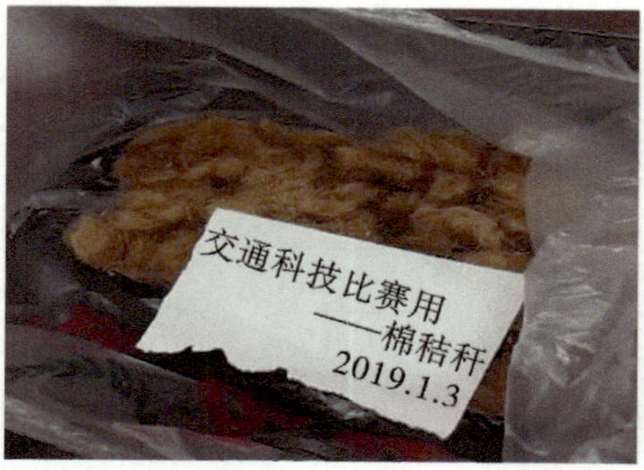

图 5-28　玉米秸秆纤维

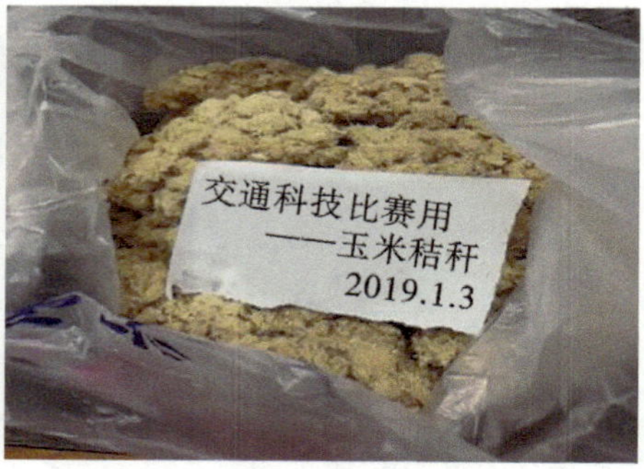

图 5-29　棉花秸秆纤维

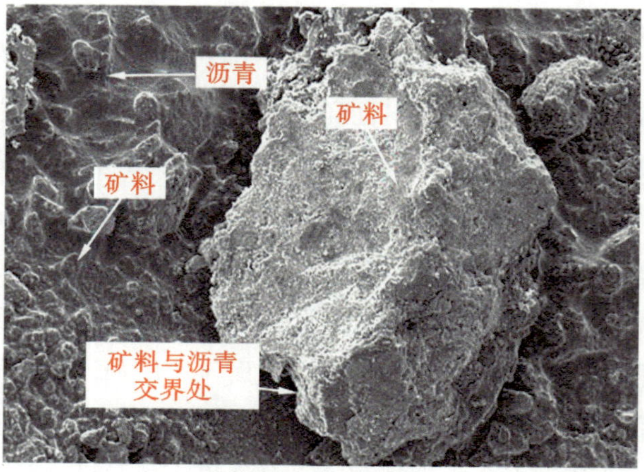

图 5-30　无纤维沥青混合料中沥青与矿物黏结界面

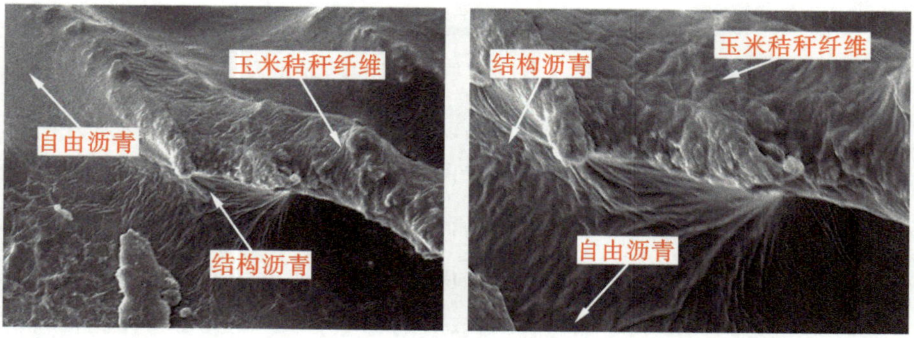

图 5-31　玉米秸秆纤维与沥青黏结界面

“运星杯”
第二届河南省大学生交通科技大赛

获奖证书

二等奖

获奖作品：秸秆纤维沥青混合料路用性能研究及机理分析

参赛院校：华北水利水电大学

参赛学生：刘佳琦　王菁菁　伊轲　张傲翔　李鹏阳

指导老师：陈渊召　李振霞

河南省大学生交通科技大赛组委会
河南城建学院

运星科技 TRANSTAR

二〇一九年四月十三日

图 5-32　获奖证书

(五)全国大学生工程训练综合能力竞赛获奖作品

全国大学生工程训练综合能力竞赛是教育部高等教育司发文举办的全国性大学生科技创新实践竞赛活动，是基于国内各高校综合性工程训练教学平台，为深化实验教学改革，提升大学生工程创新意识、实践能力和团队合作精神，促进创新人才培养而开展的一项公益性科技创新实践活动。

1. 作品名称：桥梁结构设计

获得奖项

2021 年中国大学生工程实践与创新能力大赛银奖。

参赛人员见表 5-10。

表 5-10

姓名	学号	学院	专业	分工	指导老师
肖嘉辰	201805416	土木与交通学院	交通工程	负责人	韩爱红、王永新
陈文意	201806324	土木与交通学院	道路桥梁与渡河工程	团队成员	
王守一	201821503	乌拉尔学院	土木工程	团队成员	

作品介绍

我们选择了斜腿刚构桥、曲线腹杆梁桥、桁架梁桥、张弦梁桥四种桥型进行理论分析和加载试验，通过对四种桥型的理论分析和加载测试，最终选定了桁架梁桥作为我们的参赛桥型，并针对桁架梁桥做了一系列的优化和测试。方案构思的过程中小组成员不断发现问题，解决问题，并在老师的悉心指导下，最后设计出了最理想方案，即将主梁上的力通过竖杆传递到下弦杆，下弦杆与墩用竹条连接，充分发挥竹条材料性能，并把主梁受力分散给桥梁的各个结构，避免某个结构集中受力以引起破坏，用竹条交叉协助横梁抗扭，并防止桥梁横向联系不够。桥墩与主梁通过杆件固结，尽量保证整体性与稳定性。最终方案既保证了桥梁的美观，又减轻了自重，更是大大提高了桥梁承载力，使本设计的桥梁更具竞争力。参赛过程及获奖情况如图 5-33 ~ 图 5-35 所示。

图 5-33　模型制作

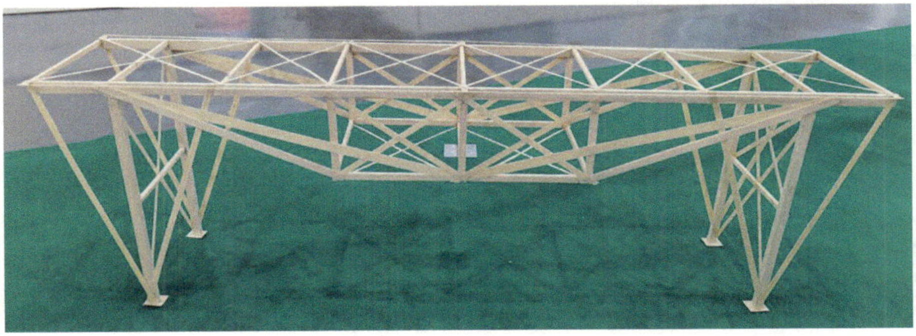

图 5-34　模型成品

中国大学生工程实践与创新能力大赛

获奖证书

CERTIFICATE OF AWARD

华北水利水电大学 肖嘉辰 陈文意 王守一:

你们在"2021年中国大学生工程实践与创新能力大赛""智能+"赛道总决赛中荣获智能物流搬运赛项(桥梁结构设计项目)银奖

指导教师:韩爱红,王永新

特发此证,以资鼓励。

主办单位

教育部

工业与信息化部

中国工程院

2021年中国大学生工程实践与创新能力大赛组委会

2021年11月26日

证书编号:GC-2021-ZQ-013

图 5-35　获奖证书

2. 作品名称:渡奕桥

获得奖项

第七届全国大学生工程训练综合能力竞赛河南省一等奖。

参赛人员见表 5-11。

表 5-11

姓名	学号	学院	专业	分工	指导老师
温保来	201706628	土木与交通学院	道路桥梁与渡河工程	负责人	王永新、韩爱红
郑梦斐	201706625	土木与交通学院	道路桥梁与渡河工程	团队成员	
陈浩栋	201906819	土木与交通学院	土木工程	团队成员	
张　宁	201906811	土木与交通学院	土木工程	团队成员	

作品介绍

模型长 800 mm、宽 180 mm、高 250 mm，由上部结构以及下部结构组成，梁体与墩身等主要受力结构应选用质量较好的杆件，其余连接杆件可选用空心杆件，拉条优先选用厚 0.35 mm、宽 8 mm/10 mm 竹皮纸制作。在抗拉试验中该拉条性价比最高，该模型的评分标准是核重比，在减小自重的情况下尽可能增加承载力，所以每个部分的组成选取一定要选择性价比较高的方案，墩身及主要梁体采用最轻薄的竹皮纸作为箍筋用来增加墩身及梁体的稳定性，梁体由竹皮纸制的杆件构成内壁进行折叠式填充，在不影响预应力的情况下简化成框架，减小自重，梁体上的所有拉条均为纵向预应力束，能极大增加桥梁的承载力，面层的横向拉条为横向预应力束，能增加桥面的稳定性。参赛项目情况及获奖情况如图 5-36 ~ 图 5-38 所示。

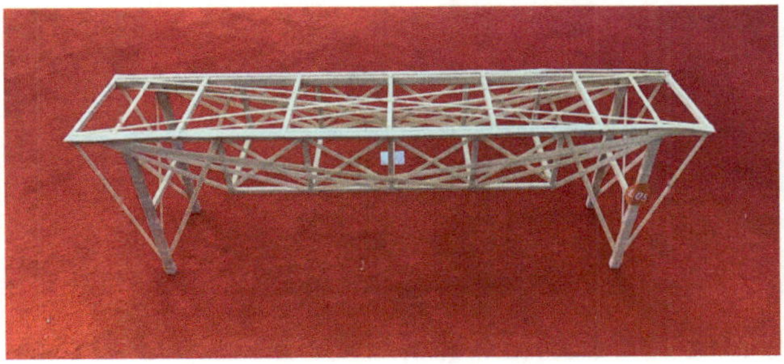

图 5-36　参赛模型

图 5-37　参赛合影

证书编号：202104002

获奖证书

CERTIFICATE OF HONOR

华北水利水电大学：

在第七届河南省大学生工程训练综合能力竞赛暨第七届全国大学生工程训练综合能力竞赛河南赛区选拔赛桥梁结构设计项目竞赛中，荣获

河南省一等奖

参赛学生：温保来、郑梦斐、陈浩栋、张　宁

指导教师：王永新、韩爱红

全国大学生工程训练综合能力竞赛河南赛区组委会

2021年4月

图 5–38　获奖证书

3. 作品名称：易桥

获得奖项

第七届全国大学生工程训练综合能力竞赛河南省一等奖。

参赛人员见表 5-12。

表 5-12

姓名	学号	学院	专业	分工	指导老师
李涵耀	201706917	土木与交通学院	道路桥梁与渡河工程	负责人	韩爱红、张伟峰
唐　硕	201706919	土木与交通学院	道路桥梁与渡河工程	团队成员	
韩　同	201706921	土木与交通学院	道路桥梁与渡河工程	团队成员	
杨清华	201907019	土木与交通学院	土木工程	团队成员	

作品介绍

在接触到赛制后，我们在限定的尺寸范围内进行了多种桥梁结构的设计，从桥墩数量、横向连接数量、拉条连接方式等方面进行设计改造。设计最终目的为最大承重、最小变形以及最轻自重的最优统一。以八根单柱为桥墩，两层梁作为主要受力，通过拉条来增加受力控制变形的桥型，同时所有杆件之间均有细杆相连，增强其整体性，使其更加稳定可靠。荷载分为静荷载与动荷载，经过测量，静荷载为自重 1.4 N。动荷载经过反复试验，通过迈达斯计算，可以承受 300 N 的动荷载。经测试，本桥最大可承重 30 kg。

参赛模型及获奖情况如图 5-39 ~ 图 5-41 所示。

图 5-39　迈达斯建模示意图

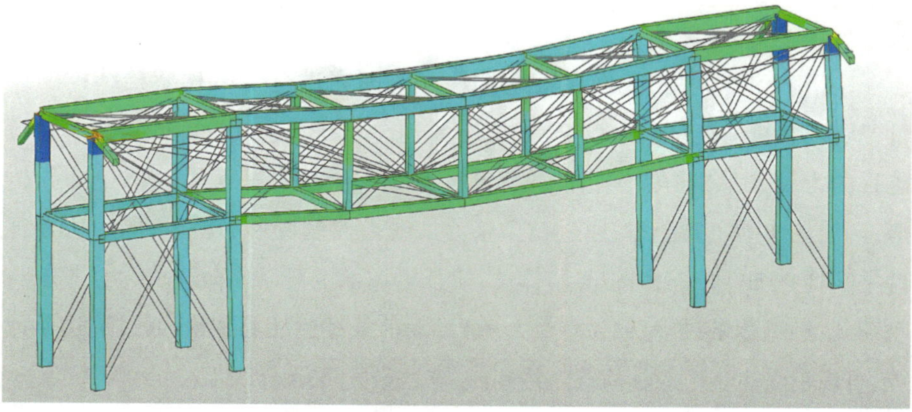

图 5-40　迈达斯内力示意图

证书编号：202104005

获奖证书

CERTIFICATE OF HONOR

华北水利水电大学：

在第七届河南省大学生工程训练综合能力竞赛暨第七届全国大学生工程训练综合能力竞赛河南赛区选拔赛 桥梁结构设计项目 竞赛中，荣获

河南省一等奖

参赛学生：李涵耀、唐　硕、韩　同、杨清华

指导教师：韩爱红、张伟峰

全国大学生工程训练综合能力竞赛河南赛区组委会

2021 年 4 月

图 5–41　获奖证书

4. 作品名称:玉溪桥

获得奖项

第七届全国大学生工程训练综合能力竞赛河南省一等奖。

参赛人员见表 5-13。

表 5-13

姓名	学号	学院	专业	分工	指导老师
王玉超	201705002	土木与交通学院	土木工程	负责人	陈记豪、韩爱红
王守一	201821503	乌拉尔学院	土木工程	团队成员	
肖嘉辰	201805416	土木与交通学院	交通工程	团队成员	
刘泽伟	201907009	土木与交通学院	土木工程	团队成员	

作品介绍

此模型设计理念是“重剑无锋,大巧不工”。简约、实用、轻质,是我们设计的根本原则,所以本模型看起来虽平淡无奇,但强度高,稳定性强,轻质实用。此次比赛荷载形式主要以动荷载为主,考虑到跨中挠度,计算荷质比。依据赛题要求模型采用 0.5 mm 竹皮、0.35 mm 竹皮、0.05 mm 竹皮、502 胶水制作而成。模型全长 80 cm,采用八腿桁架结构,辅助拉条,使结构浑然一体。模型基本受力特点:桁架与梁整体受弯,通过多个拉条将荷载传递到八个桥墩,桥墩再将荷载传递到地面,桥墩主要受压,而且八个桥墩每四个之间通过横撑相互连接,大大提高了桥梁整体的稳定性。而主梁与桁架与多个拉条连接,形成一种类似连续梁一样的工作模式,大大减小了所承受的弯矩。

参赛模型及获奖情况如图 5-42 ~ 图 5-44 所示。

图 5-42　模型制作

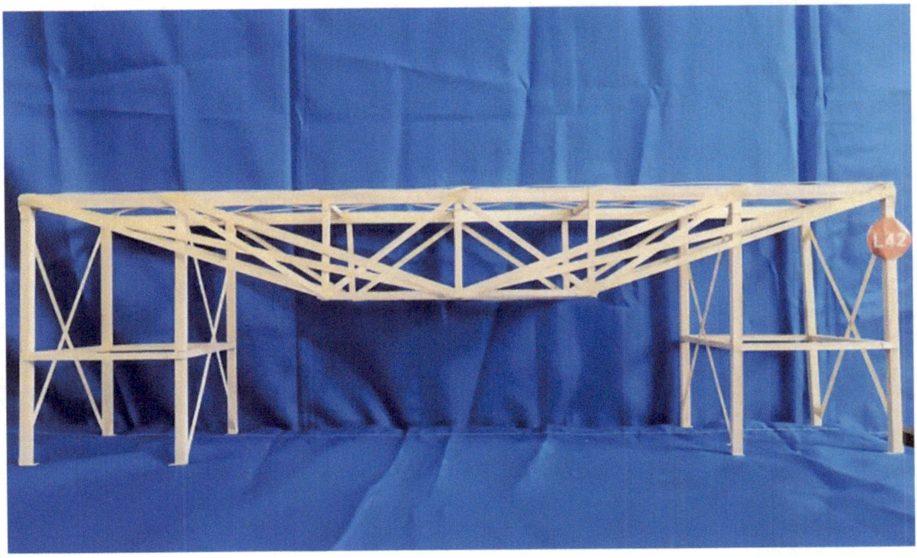

图 5-43　模型成品

证书编号：202104008

获奖证书

CERTIFICATE OF HONOR

华北水利水电大学：

在第七届河南省大学生工程训练综合能力竞赛暨第七届全国大学生工程训练综合能力竞赛河南赛区选拔赛桥梁结构设计项目竞赛中，荣获

河南省一等奖

参赛学生：王玉超、王守一、肖嘉辰、刘泽伟

指导教师：陈记豪、韩爱红

全国大学生工程训练综合能力竞赛河南赛区组委会

2021年4月

图5-44　获奖证书

5. 作品名称：灵越飞渡桥

获得奖项

第七届全国大学生工程训练综合能力竞赛河南省一等奖。

参赛人员见表5-14。

表5-14

姓名	学号	学院	专业	分工	指导老师
陈文意	201806324	土木与交通学院	道路桥梁与渡河工程	负责人	马　磊、宋智睿
左晓斐	201806308	土木与交通学院	道路桥梁与渡河工程	团队成员	
张诗嘉	201806314	土木与交通学院	道路桥梁与渡河工程	团队成员	
刘沿伸	201907304	土木与交通学院	道路桥梁与渡河工程	团队成员	

作品介绍

我们从模型的制作简单、跨中挠度小出发，自主设计了一个钢架桥，类似梁桥和钢架的组合结构，该结构制作较简单，经过多次优化后受力也比较均匀、合理，所以我们组选择了钢架桥作为我们的参赛模型。在模型中，为了更好地发挥竹皮纸的抗拉性能，我们在某些构件的受力模拟中，把它当成了只受拉的杆件，使计算模型得到进一步的简化。为了减轻桥梁的自重，我们把大部分构件，例如纵梁、桥墩、腹杆等做成了箱型截面，既能保持满载情况下的抗弯能力，也使桥梁自重尽可能地减轻，从而可以提高我们的荷重比。经过我们小组反复的讨论、思考，以及向老师和学长的请教，最终我们设计出了一个桥梁重量为124 g，在25 kg的荷载作用下，跨中挠度只有7 mm，并成功取得了河南省一等奖的成绩。

参赛模型及获奖情况如图5-45～图5-47所示。

图 5-45 模型制作

图 5-46 模型成品

证书编号：202104006

获奖证书

CERTIFICATE OF HONOR

华北水利水电大学：

在第七届河南省大学生工程训练综合能力竞赛暨第七届全国大学生工程训练综合能力竞赛河南赛区选拔赛 桥梁结构设计项目 竞赛中，荣获

河南省一等奖

参赛学生：陈文意、左晓斐、张诗嘉、刘沿伸

指导教师：马　磊、宋智睿

全国大学生工程训练综合能力竞赛河南赛区组委会

2021年4月

图5–47　获奖证书

（六）全国大学生结构设计信息技术大赛获奖作品

全国大学生结构设计信息技术大赛由中国土木工程学会教育工作委员会、清华大学土木水利学院主办，是国内高校土木工程专业领域内最具影响力的赛事之一。自2018年至今已经成功举办了四届，每年都是新题目、新考点、新的行业热点技术。

1. 作品名称:基于 BIM 技术深化设计的高层装配式建筑

获得奖项

第二届全国大学生结构设计信息技术大赛一等奖。

参赛人员见表 5-15。

表 5-15

姓名	学号	学院	专业	分工	指导老师
李长青	201705012	土木与交通学院	土木工程	负责人	韩爱红
徐宁宁	201705009	土木与交通学院	土木工程	团队成员	
安海洋	201705025	土木与交通学院	土木工程	团队成员	

作品介绍

本作品为某高层建筑的结构设计及装配式构件深化设计,建筑面积约 15000 m^2,建筑高度 91 m,地上 30 层(主体结构),根据建筑图进行结构设计,建立相应的 BIM 结构模型,通过 Revit 软件和 GSCAD 软件进行结构施工图绘制和预制构件深化,并输出深化图纸。

本作品完成的设计目标如下:

(1)进行地面以上部分结构设计,不进行地下室设计和基础设计。

(2)按装配式建筑进行设计,预制构件为叠合梁、叠合板、楼梯和夹芯外墙,剪力墙和卫生间沉箱楼板采用现浇。

(3)楼梯不参与结构整体计算。

(4)设建筑标高为 H,结构层面标高为 $H-0.050$,卫生间板面标高为 $H-0.400$,阳台、露台板面标高为 $H-0.100$(单位:m)。

(5)计算分析只进行竖向荷载、风荷载和水平地震作用计算,水平地震作用只要求进行多遇地震下的弹性计算。

(6)地震下结构楼层位移比≤1.40。

(7)完成预制构件的吊装验算。

结构建模的标准层按如下划分,配筋设计时,6~30 层统一归并为一个标准层。

基本设计信息如下:抗震设防分类标准为丙类;结构抗震设防烈度为

7 度；设计基本地震加速度为 0.10 g；建筑场地类别为Ⅱ类；设计地震分组为第一组；基本风压为 0.8 kN/m^2；地面粗糙度为 B 类。

参赛模型及获奖情况如图 5-48 ~ 图 5-53 所示。

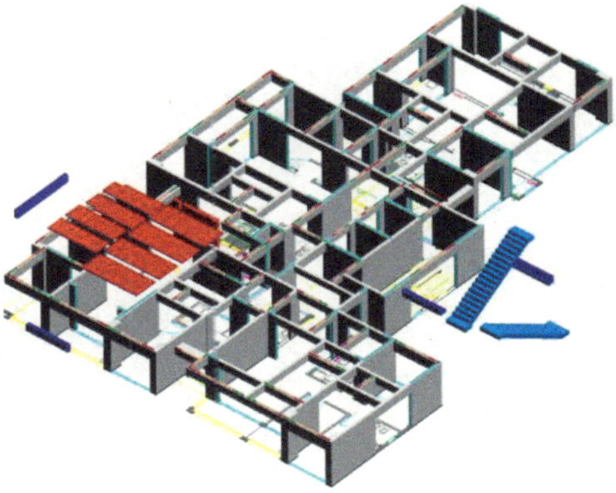

（a）标准层三维装配构件爆炸图

（b）整体模型

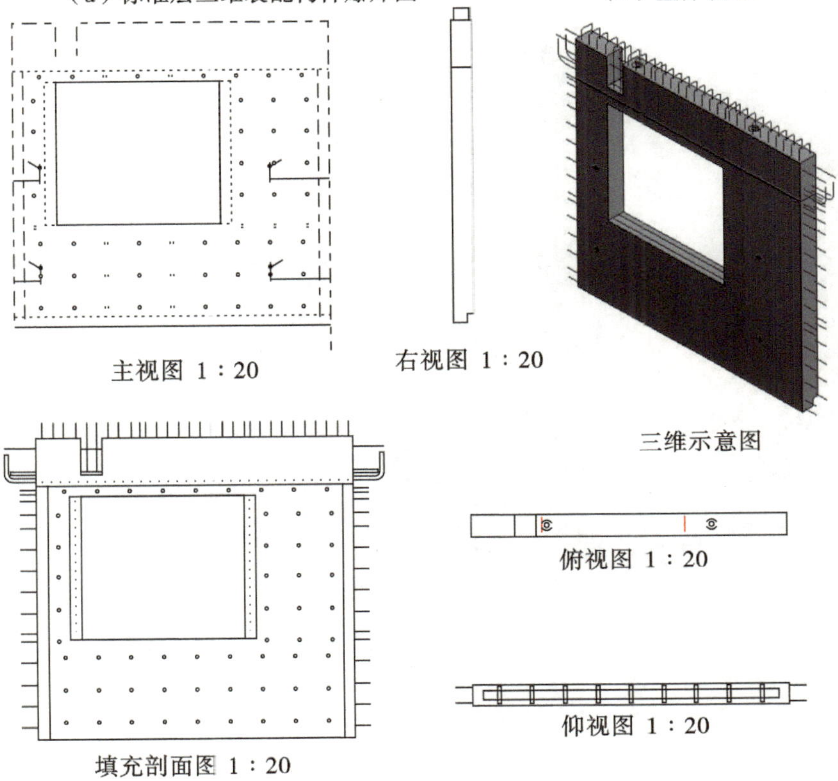

（c）预制梁墙深化图

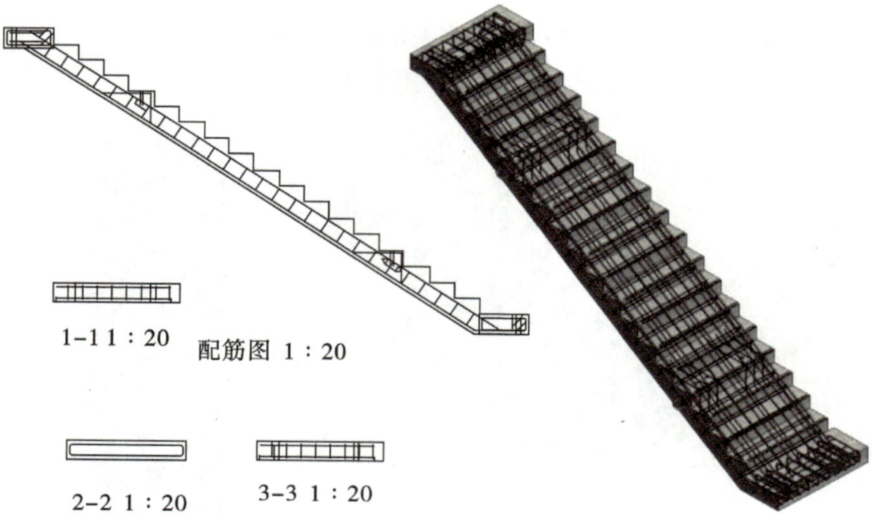

（d）预制楼梯深化图

图 5-48　参赛模型示意图

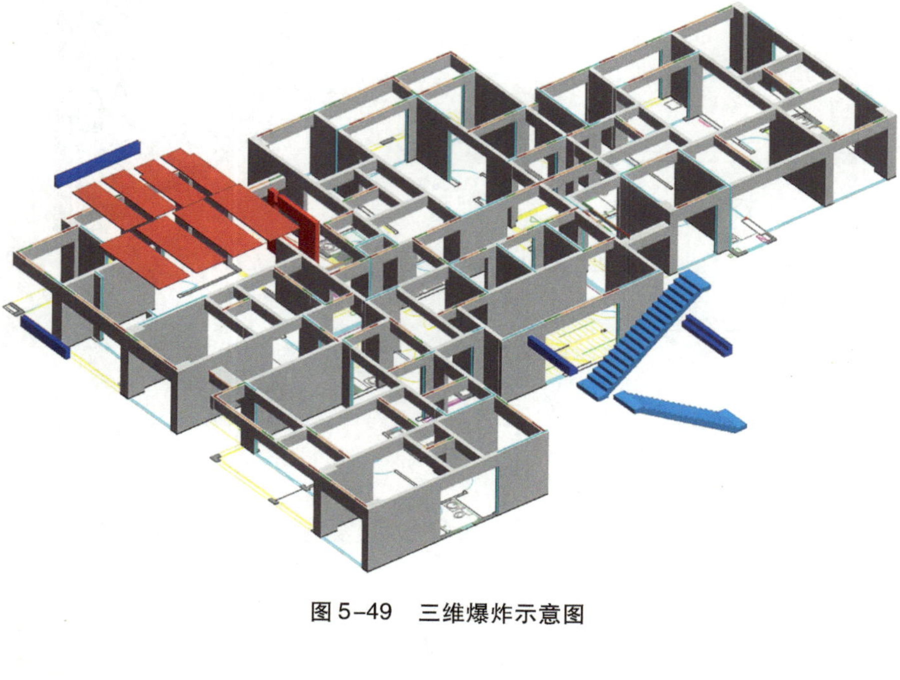

图 5-49　三维爆炸示意图

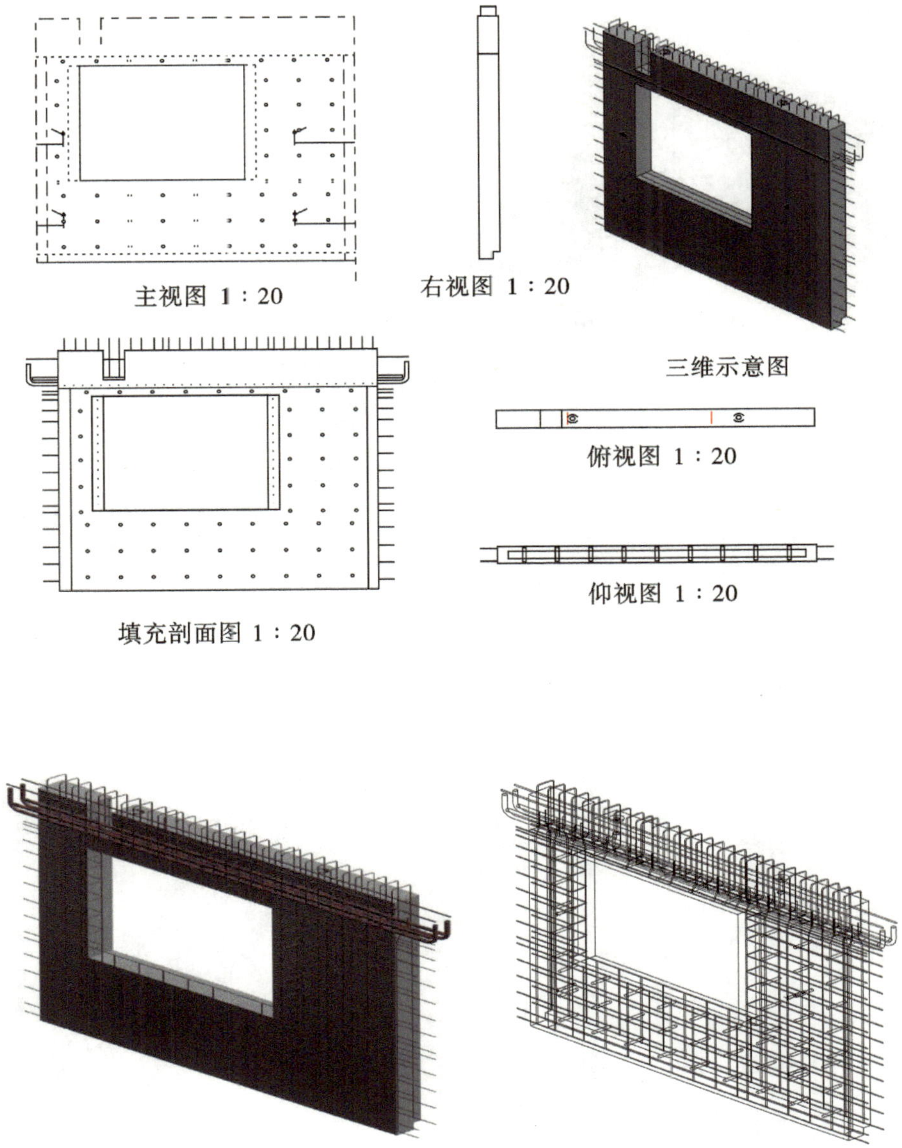

图 5–50　梁墙深化示意图

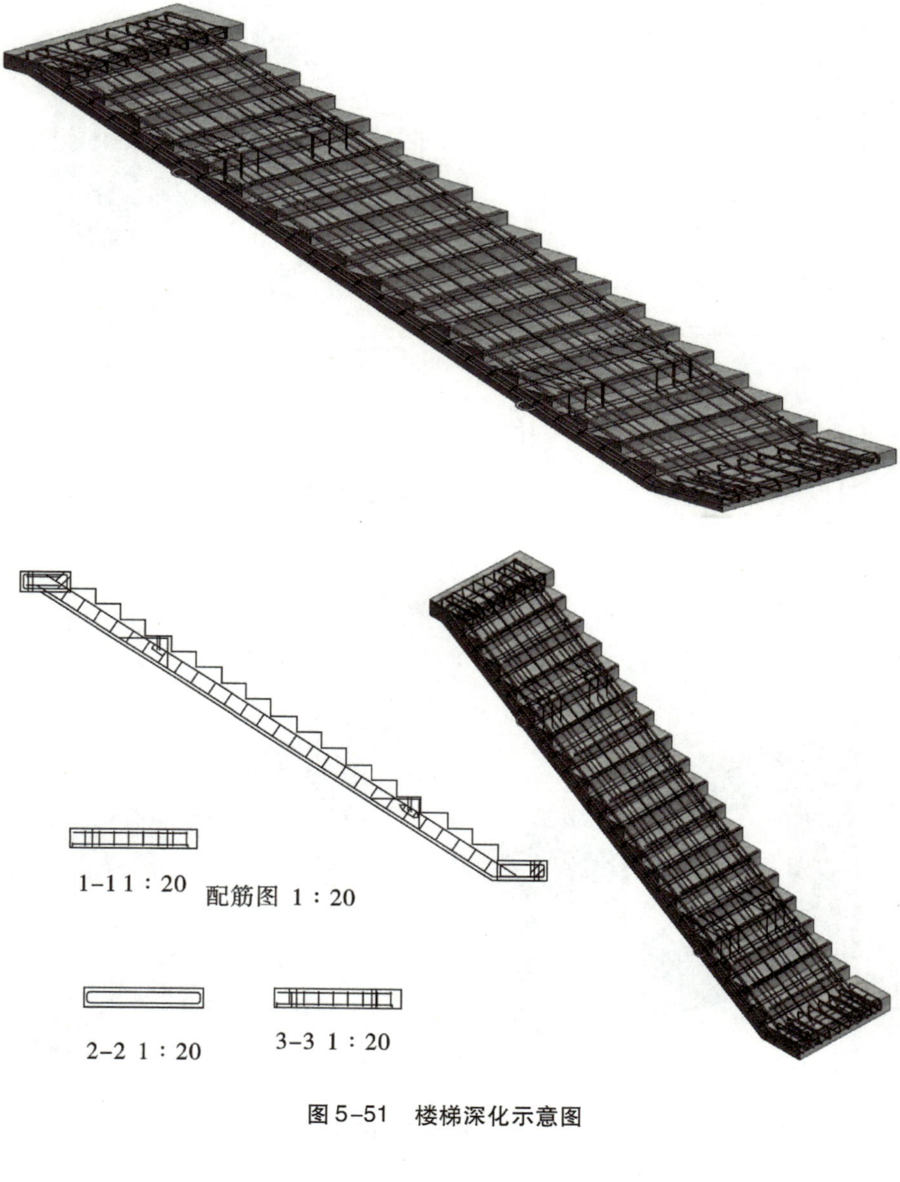

图5-51 楼梯深化示意图

图 5-52　整体结构示意图

图 5-53 获奖证书

2. 作品名称:众搏

获得奖项

第四届全国大学生结构设计信息技术大赛一等奖。

参赛人员见表 5-16。

表 5-16

姓名	学号	学院	专业	分工	指导老师
崔　晗	201804923	土木与交通学院	土木工程	负责人	陈记豪
王发坤	201805004	土木与交通学院	土木工程	团队成员	
黄佳音	202026727	土木与交通学院	土木工程	团队成员	

作品介绍

本项目为某大学校园配套宿舍装配式建筑设计，建筑面积约为 6500 m^2，地上 6 层，地下 1 层。在本次竞赛中，需要根据建筑平面图及功能布置进行结构设计，建立计算分析模型和三维结构信息模型，通过三维结构信息模型进行结构施工图绘制、基础设计和预制构件深化。图纸绘制和结构信息计算分析使用了 Revit、广厦结构 CAD 等软件。本项目中难点在于结构建模、模型计算及结果分析与结构深化部分。

首先，结构建模时，其中装配式结构采用统一的构建资源库，应用信息化管理和控制，实现了数字化管理，提高劳动生产力。结构建模时，构件尺寸设计、结构布置、荷载的布置都与之后的各项超限计算息息相关，是前期至关重要的一环，需要参考混凝土结构、装配式混凝土等相关规范。

其次，最重要的部分是计算部分，通过广厦结构 CAD 软件进行图形录入，然后软件计算分析，之后根据软件给出的结果找到超限部分，并对该超限部分分析原因，最后根据分析讨论结果，通过调整结构模型而使结构更为合理，解决超限问题。

最后，结构深化部分，预制梁、柱和楼梯只需要通过已有族库中的梁柱，楼梯改变参数即可。但叠合板、梁柱节点和卫生间沉箱与梁的连接节点需要自建族。赛题要求装配式梁柱节点为钢混节点，需要通过 Revit 结构样板文件中创建族，并将族插入到模型文件中；叠合板需要手算并填写参数制作修改明细表；卫生间沉箱与预制梁连接节点也需要根据模型自行创建族。

参赛模型及获奖情况如图 5-54 ~ 图 5-56 所示。

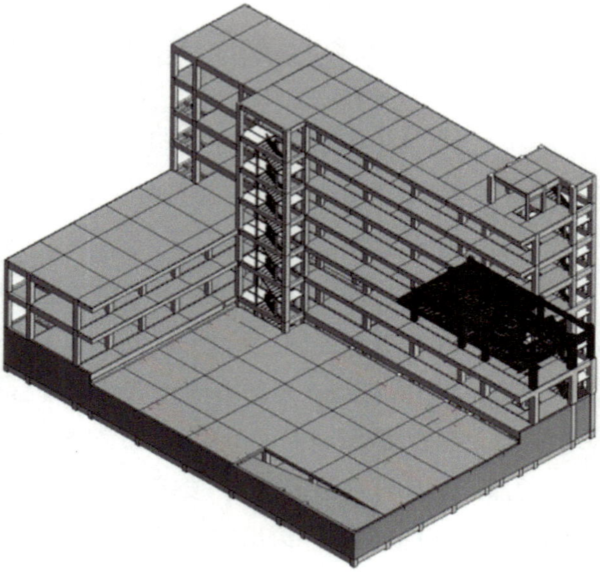

图 5-54　整体结构三维图

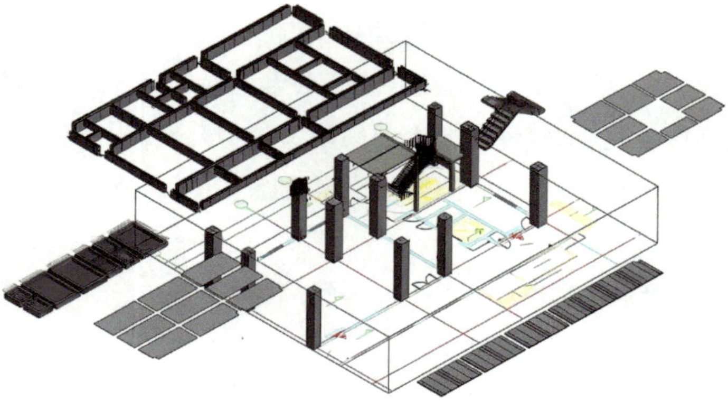

图 5-55　深化部分三维组合图

华北水利水电大学 参赛选手

崔晗、王发坤、黄佳音 在

第四届“全国大学生结构设计信息技术大赛”表现优异，成绩突出荣获 A组（研究生、本科组）

一等奖

指导老师： 陈记豪

特发此状，以兹鼓励

全国大学生结构设计信息技术大赛

主办单位：中国土木工程学会教育工作委员会

中国土木工程学会教育工作委员会

二〇二二年五月二十日

图 5–56　获奖证书

3. 作品名称：装配式建筑设计与深化

获得奖项

第四届全国大学生结构设计信息技术大赛一等奖。

参赛人员见表 5–17。

表 5–17

姓名	学号	学院	专业	分工	指导老师
吴应强	201804806	土木与交通学院	土木工程	负责人	韩爱红
崔世杰	201821225	土木与交通学院	土木工程	团队成员	

作品介绍

本作品所选项目为某大学配套宿舍装配式建筑设计,依据地质勘察报告与《宿舍建筑设计规范》(JGJ 36—2016)初步设计宿舍建筑平面图,如图5-57所示。

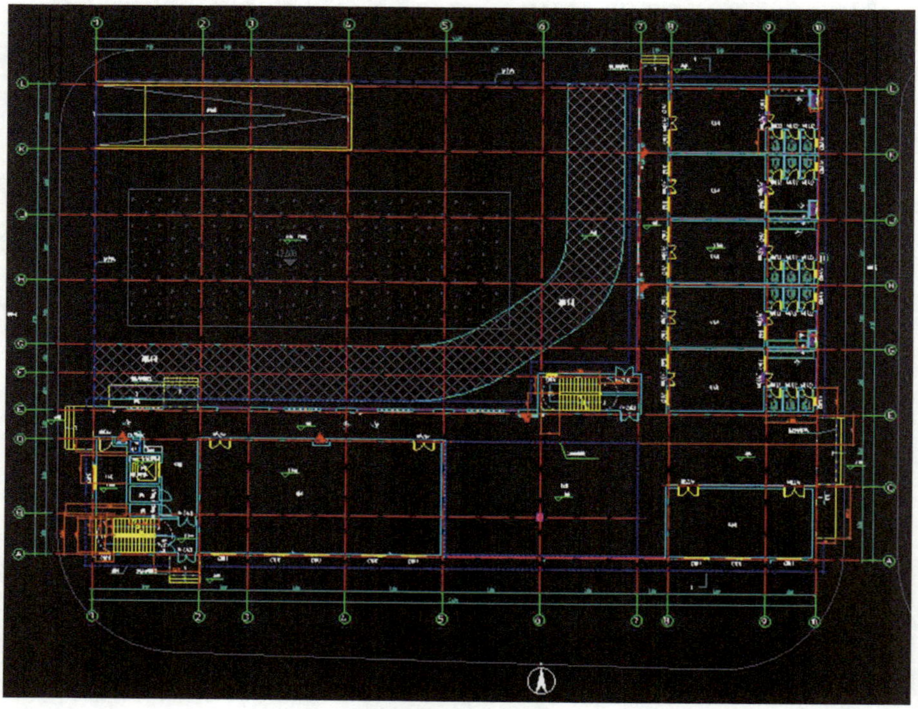

图5-57 平面图示意

在建筑平面图的基础上,灵活运用广厦结构CAD软件建立模型,并考虑结构自重以及当地风、雪荷载等影响因素,以走廊单向板沿短边、其他位置双向板双向传力为依据,把结构荷载全部分散到矩形柱上,并把计算交于广厦结构CAD软件自动计算,得到符合国家标准的建筑计算模型。通过对计算模型的数据提取与整理,计算出适合本建筑的地基基础,让整栋楼在地震以及其他因素的影响下,50年内不倒塌。参赛模型如图5-58所示。

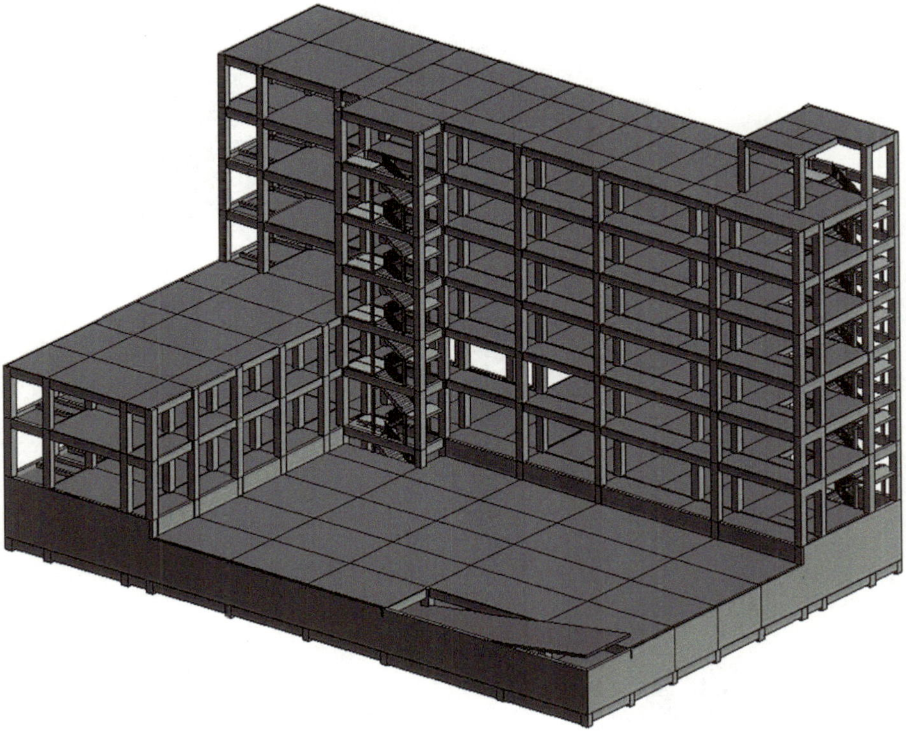

图 5-58　模型成品

设计难点

本设计难点在于计算配筋以及构建深化。对于计算配筋，梁板柱构建都要满足其最小配筋率、裂缝宽度等要求，且结构整体还需满足位移要求。由于结构自重以及建筑不同功能区所受荷载的不同，导致每块构建的受力都会有所不同，为了满足上述要求，就必须对结构构建的宽度、混凝土等级、混凝土保护层厚度等加以控制，即使一个构建出了问题，都会影响到结构的整体位移，牵一发而动全身。所以，选取构建要适当，不当很容易导致配筋时超筋。

对于构建深化，为使模型更直观，更容易被理解，也为今后图纸不仅局限于 CAD 二维平面图，提高设计可视化、高效化而对构建进行三维深化。要求梁板柱钢筋摆放位置、弯折情况以及钢板开孔位置都要与图纸一一对应。如图 5-59、图 5-60 所示。

图 5-59　深化模型整体图

图 5-60　梁柱钢混节点三维图

（七）全国大学生混凝土材料设计大赛获奖作品

全国大学生混凝土材料设计大赛是由中国混凝土与水泥制品协会(CCPA)教育与人力资源工作委员会、教育部下设的全国高等学校建筑材料学科研究会发起主办的，是面向全国高校无机非金属材料与土木工程专业大学生的一项科技竞赛活动，每两年举办一次。

获得奖项

“苏博特杯”第六届全国大学生混凝土材料设计大赛团体一等奖。

参赛人员见表 5-18。

表 5-18

姓名	学号	学院	专业	分工	指导老师
黄山鸿	201906827	土木与交通学院	土木工程	负责人	刘焕强
刘泽伟	201907009	土木与交通学院	土木工程	团队成员	
杨迎新	201906721	土木与交通学院	土木工程	团队成员	

作品介绍

“苏博特杯”全国大学生混凝土材料设计大赛是由中国混凝土与水泥制品协会发起主办的，面向全国高校无机非金属材料与土木工程专业大学生的一项科技竞赛活动，每两年举办一次。大赛从 2010 年至今已举办六届，分别在大连理工大学、东南大学、重庆大学、北京建筑大学、哈尔滨工业大学、武汉理工大学举办。“苏博特杯”第六届全国大学生混凝土材料设计大赛于 2021 年 7 月 13 日至 15 日在武汉理工大学举办并取得圆满成功。

比赛内容分为理论考试和实际操作，理论考试占总成绩的 40%，主要考查学生对混凝土材料性能、新拌混凝土性能、硬化混凝土性能、高性能混凝土、新型混凝土性能的掌握程度。实际操作（含配合比设计）占总成绩的 60%，混凝土配合比设计环节考察参赛队伍设计方案的合理性、经济性和适用性。操作技能环节考察参赛选手操作规范性、熟练程度及现场配合比调整的应变能力。

通过赛后对华北水利水电大学土木与交通学院参赛学生的采访了解,笔试环节各高校差别不大,但是在配合比设计环节就有了较大的差别,对原材料的配比、用水量及对化学掺和剂的掌握决定了后续实际操作混凝土制拌是否成功,这直接决定了参赛成绩。华北水利水电大学土木与交通学院参赛选手反映,在技能操作环节有一些“985”“211”名校学生制拌混凝土失败。原因有多种,和易性、流动性、保水性不够好,或者化学掺和剂用量不适等。

成功不是一蹴而就的,比赛成绩的圆满是由学生们日日夜夜的试验和相互间的不断协作、不断配合取得的;是由指导老师的正确领导、学生们扎实的理论知识、不断试验后的调配和总结、理论联系实际的准则和辛勤付出的汗水等共同组成的。

希望学校后来的参赛者们,不怕吃苦,脚踏实地,勤于思考,勤于学习,勤于动手,为学校继续增添荣誉与光辉。试验照片及获奖情况如图 5-61、图 5-62 所示。

图 5-61　学生平时试验时的照片

"苏博特杯"
第六届全国大学生混凝土材料设计大赛
获奖证书
团体一等奖
学校名称：　华北水利水电大学
指导教师：　刘焕强
学生姓名：　刘泽伟、杨迎新、黄山鸿
中国混凝土与水泥制品协会
武　汉　理　工　大　学
二〇二一年七月

图 5-62　获奖证书